AF504323

Abel ETIENNE

Le R. P. Dorgère

Ancien Missionnaire au Dahomey

RÉCITS & SOUVENIRS

Conquête du Dahomey

Préface du Vice-Amiral de CUVERVILLE

TOULON

Librairie J. ALTÉ, Quai Cronstadt

1909

Le R. P. DORGÈRE

Abel ETIENNE

Le R.P. Dorgère

Ancien Missionnaire au Dahomey

RÉCITS & SOUVENIRS

(Conquête du Dahomey)

Ornés de photogravures et dessins hors texte et d'une carte

Préface du vice-amiral de CUVERVILLE

TOULON

LIBRAIRIE J. ALTÉ, QUAI CRONSTADT

1909

Il partit, la cocarde à son chapeau de prêtre,
Affrontant la nature et les monstres humains,
Et quand ses compagnons le virent reparaître,
La palme du martyre avait touché ses mains.

F. PLESSIS. — *Le Père Dorgère.*

PRÉFACE

Dans la séance du 20 juin 1901, alors que nous discutions au Sénat le projet de loi sur les Associations, je défendais, à la tribune, les Congrégations religieuses qu'on allait dissoudre et je m'efforçais de mettre en relief les immenses services rendus par elles à l'influence Française sur tous les points du globe.

Après les avoir montrées à l'œuvre en Orient, en Extrême-Orient, à Madagascar et dans l'Océan Indien, dans l'Océan Pacifique où, grâce à elles, le drapeau Français avait été arboré sur la Nouvelle-Calédonie au moment même où l'Angleterre qui la convoitait ardemment allait s'en emparer, — je rappelais ce qui s'était passé sous mes yeux sur les côtes de l'Atlantique, notamment à la Côte Occidentale d'Afrique ; puis, parlant des Missions du Dahomey, je m'exprimais ainsi :

« ... J'éviterai, disais-je, de parler au Sénat de ce qui m'est personnel ; je ne puis

taire cependant les services rendus sous mes ordres au Dahomey par le R. P. Dorgère, des Missions de Lyon. Ce vaillant missionnaire, ce noble cœur, ce patriote ardent dévoré de l'esprit de sacrifice, n'hésita pas à se mettre à ma disposition pour porter à un despote barbare et cruel un message comminatoire qui pouvait lui coûter la liberté sinon la vie. — « Je suis à vous, amiral, — avait-il répondu à l'ouverture que je lui faisais après en avoir obtenu l'autorisation de ses supérieurs, — je suis à vous pour Dieu et pour la Patrie ». — « Ce fut à son intervention que nous dûmes la solution honorable et pacifique voulue par le gouvernement français.

« Cet humble religieux était venu demander au ciel de la Provence le rétablissement de ses forces épuisées par un laborieux apostolat sous un climat insalubre ; il est mort dans le département du Var, à Sainte-Anne-d'Evenos, en prodiguant ses soins à un malheureux délaissé, atteint dans une roulotte de la petite vérole noire et devenu un sujet d'effroi pour la paroisse dont le R. P. Dorgère était alors le pasteur. Le Père, qui avait soigné et administré le mori-

bond jusqu'à la dernière minute, l'ensevelit lui-même et, avec l'assistance du fossoyeur, il lui donna la sépulture. Mais, dans ce sublime exercice de la charité, il avait contracté le germe de la terrible maladie et il succombait quelques jours après, victime de son dévouement ; il était pauvre, il avait tout donné ; ses amis se cotisèrent pour lui assurer un tombeau ».

« Voilà, Messieurs, — ajoutai-je — le « Missionnaire Catholique, cet homme soi- « disant diminué par ses vœux de religion « et que l'on marque au front comme un « révolté en le mettant hors du droit com- « mun. Eh bien ! la France jugera ! »

*
* *

La mémoire du R. P. Dorgère est de celles qui ne doivent pas périr. Nous remercions M. Abel Étienne de lui avoir consacré ces pages dans lesquelles il s'est appliqué à faire revivre le missionnaire au cœur dévoué, plein de générosité, de loyauté, de bravoure et de patriotisme ; le prêtre ami du peuple, frère des pauvres et des déshérités auxquels il consacra ses derniers jours.

Invité très aimablement à écrire cette courte préface, je considère comme un devoir de venir certifier ici l'exactitude des faits retracés dans cet ouvrage et auxquels le nom du R. P. Dorgère et le mien ont été associés ; ces faits furent vécus à des heures difficiles ; ils démontrent, une fois de plus, la vérité de cette affirmation bien souvent vérifiée au cours de ma longue carrière :

« En favorisant la propagation de la « vraie Foi, la France travaille à sa propre « gloire ; sa mission apostolique à travers « le monde se confond avec le soin de « ses propres intérêts ; quand son étoile « pâlit, c'est qu'elle a été infidèle à sa voca- « tion. Qu'elle marche la Croix à la main, « qu'elle fasse aimer le Christ et aussitôt sa « fortune triomphe. Les évènements accom- « plis au Dahomey donnent à cette vérité « une preuve nouvelle et éclatante à ajouter « à celles qui se présentent à chaque page de « notre histoire nationale. »

Crec'h Bleiz (Côtes-du-Nord), le 19 juillet 1908.

Vice-Amiral DE CUVERVILLE,

ANCIEN CHEF D'ÉTAT-MAJOR GÉNÉRAL DE LA MARINE,

SÉNATEUR DU FINISTÈRE.

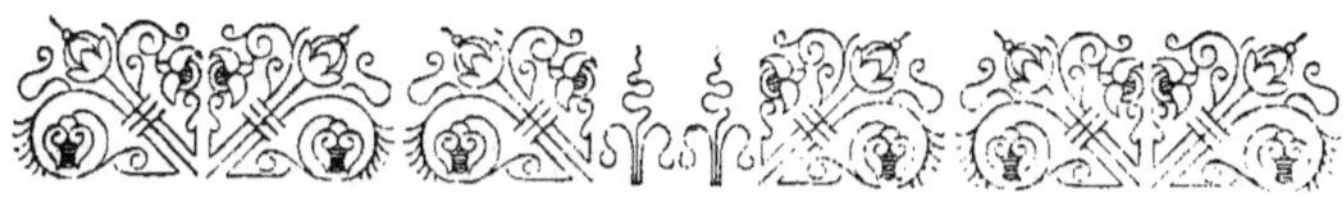

Le R. P. DORGÈRE

Ancien Missionnaire au Dahomey

—✳—

RÉCITS & SOUVENIRS

(Conquête du Dahomey)

—◆—

PROLOGUE

Par une claire journée du printemps de
l'année 1898, une voiture de louage parcourait le circuit si intéressant d'Ollioules,
Sanary, Bandol et le Beausset, et quittait la
plage pittoresque de ce versant sablonneux
de la mer Méditerranée pour remonter vers
Nord-Est jusqu'au pied des collines par
fumées de senteurs balsamiques et rési-
neuses que domine la cîme rocheuse de la
Sainte-Baume.

Elle amenait devant la blanche église de Sainte-Anne-d'Evenos, en Provence, deux ecclésiastiques.

L'un d'eux, de taille moyenne, avec une grande barbe noire, portait sur son visage fatigué, fiévreux, la trace des souffrances et privations endurées aux colonies. On eût difficilement deviné son âge, mais la physionomie sympathique et son air décidé laissaient percevoir sous un corps affaibli par la maladie, une âme fortement trempée.

C'était le R. P. Dorgère, le ruban rouge à la boutonnière.

Nos deux voyageurs avaient visité dans les environs la paroisse rurale du Plan-du-Castellet dont la cure était vacante, et venaient voir celle de Sainte-Anne-d'Evenos qui allait le devenir.

C'est à cette occasion que nous eûmes l'honneur d'être présenté au célèbre missionnaire que nous connaissions de nom et de réputation.

Accueilli par la suite et toujours avec grande cordialité dans l'hospitalier presbytère de Sainte-Anne que le Père choisit pour poste de retraite « où il pût, disait-il, rendre encore quelques services » et où il vint s'installer bientôt, nous ne tardâmes pas à connaître les nobles qualités de sa belle âme et les profondeurs infinies de son dévouement, de son amour pour le prochain.

Nous le vîmes à l'œuvre dans la mission si ingrate et parfois si féconde du curé de campagne : et, dans les récits du passé qu'on arrachait avec peine à sa modestie, dans des conversations périodiques et familières, nous pûmes apprécier les mérites de cet homme de bien.

Son passé appartenait déjà à l'histoire.

Tout le monde, surtout en Provence, avait entendu parler du R. P. Dorgère. La presse jadis avait signalé ses hauts faits au Dahomey ; sa fin héroïque à Sainte-Anne-d'Evenos fut digne de ce passé.

Quelques notices biographiques ont été écrites sur lui ; elles sont citées au cours de cet ouvrage. Les documents officiels ou de source absolument sûre qui ont été en outre mis à notre disposition, les lettres inédites et détails circonstanciés que nous devons à l'obligeance de quelques-uns de ses amis, viennent à l'appui de nos souvenirs personnels et garantissent l'exactitude de notre récit.

Nous remercions tous ceux qui nous ont ainsi aidé à mettre en relief cette grande et noble figure.

M. l'Amiral de Cuverville qui, durant sa brillante carrière, a pu apprécier les bienfaits de l'action civilisatrice des missionnaires et qui a voué à la mémoire du R. P. Dorgère un véritable culte, a daigné répondre en ces termes à l'annonce de notre projet: « Je vous encourage vivement à le mettre à exécution ; on ne saurait trop faire connaître au *peuple* les vaillants apôtres qui, sortis de son sein, sont pour notre pays l'objet de l'admiration de l'Etranger. » Il a bien voulu ensuite accorder à cette œuvre historique l'appui de son autorité.

Rien ne pouvait nous être plus agréable que le témoignage de l'officier général qui a présidé à ceux des évènements que nous racontons où le patriotisme de notre héros fut mis à une si rude épreuve.

Qu'il reçoive l'expression de notre vive et sincère gratitude.

Fier de ce haut patronage, nous nous décidons à publier ces pages, faible témoignage de reconnaissance à l'ami, d'admiration au patriote et à l'apôtre.

Photographie A. BOUGAULT, Toulon.

Le R. P. DORGÈRE

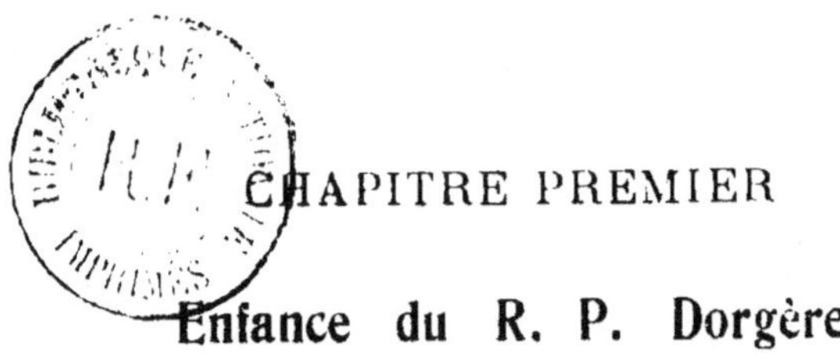

CHAPITRE PREMIER

Enfance du R. P. Dorgère

**Sa vocation. — Un ami. — Pittoresque pélerinage. —
Aux Missions Africaines. — Séjour à Nice. —
Départ pour le Dahomey.**

Alexandre Dorgère naquit à Nantes, en Vertais sur les Ponts, le 6 décembre 1855.

Il était le dernier de six enfants. Ses parents, peu fortunés, exerçaient le petit commerce d'épiciers.

Dès l'âge le plus tendre, dans ces années heureuses où l'enfant vit au jour le jour sans s'inquiéter de l'avenir, Alexandre avait senti peu à peu germer au fond de son âme une vive inclination pour la vocation ecclésiastique. La vue d'un officier au brillant uniforme ou du prêtre paré à l'autel des ornements sacrés le faisait tressaillir. Tout jeune, il disait à sa mère : « Je serai prêtre ou soldat ! ». On n'attachait naturellement pas grande importance à ces paroles d'un enfant ; mais par la suite les évènements ont prouvé qu'elles marquaient déjà sa destinée. Prêtre ou soldat ! disait-il. Il a été l'un et l'autre. Prêtre, il a montré partout et en tous temps une âme sacerdotale poussant jusqu'à l'héroïsme son dévouement pour le prochain, et soldat pacifique au cœur patriote et fier, il a rendu, sans effusion de sang et sans violence, à la Patrie, des services incontestables, qui font sa mémoire impérissable.

Trapu comme un celte d'Armorique, le regard droit, le jeune Dorgère manifesta ainsi de très bonne heure, outre une force indomptable de volonté, les premières impressions d'une foi antique.

Malgré la situation modeste de ses père et mère, il fut placé chez les Frères dans le pensionnat de Bel-Air où il passa trois ans (1864-1867). Il étudia ensuite successivement au collège d'Ancenis, aux Couëts et au Petit Séminaire de Nantes. Il s'y montra écolier studieux, aimable, à l'allure prime-sautière, à la repartie joyeuse. Un de ses maîtres nous a conservé de lui ce portrait à cette époque : « C'était une nature vive, généreuse, décidée, un vrai type de Breton, qui va de l'avant malgré tous les obstacles, dès qu'une grande idée, un noble but à atteindre se sont fortement emparés de son âme. Il avait les sympathies de tous. Ardent au jeu, piocheur à l'étude, il avait le don d'entraîner les autres à sa suite... Chef de camp dans les jeux, Dorgère était semblable à un général en pleine bataille, ses condisciples le croyaient appelé au métier des armes »

Il se lia, aux Couëts, d'une profonde et inaltérable amitié avec un camarade de son âge, Joseph Lecron[1], son futur compagnon d'armes, comme lui, un héros, à qui il devait un jour fermer les yeux sur la terre africaine. Les deux amis se sentaient entraînés l'un vers l'autre par une de ces vives sympathies comme la jeunesse en inspire, sans chercher à les expliquer, et peut-être aussi par le pressentiment d'une destinée semblable.

Ils choisissaient leurs principales lectures dans les *Annales de la Propagation de la Foi* et de *la Sainte-Enfance*. C'est dans ces petits livres qu'ils puisèrent peu à peu le désir de se consacrer à l'évangélisation des

---

(1) Né à Nantes, il devint Préfet apostolique du Dahomey.

peuples sauvages, de devenir missionnaires d'Afrique.

Leur vocation future était l'objet ordinaire des conversations des deux amis durant les récréations et les promenades. Ils en pesaient les beautés et les exigences ; et pour faire l'essai de cette vie d'audace et de peine qu'ils rêvaient d'affronter, pour s'éprouver, ils résolurent de faire à pied un pélerinage à la patronne des Bretons, SAINTE-ANNE D'AURAY. Un troisième compagnon, plus tard missionnaire en Cochinchine, se joignit à eux.

Durant les étapes, on ne négligea rien pour rendre ce pélerinage le plus fécond en mérites, couchant sur la dure et subissant gaiement la faim, la soif, la pauvreté. Car en vrais apôtres et suivant le conseil évangé-lique, ils étaient partis presque sans argent.

« Le porte-monnaie était singulièrement léger ; on partageait la soupe des pauvres dans les fermes hospitalières ; arrivés la nuit à quelque carrefour, on grimpait au poteau indicateur pour y lire à la flambée d'une allumette les localités désignées. Sou vent un nom valait l'autre. Dorgère décidait.

Mettant son chapeau en girouette sur un doigt, il le faisait pirouetter. On allait du côté où s'arrêtait le ruban ! (1) ».

A leur retour, nul ne doutait plus de leur vocation pour le sacerdoce ; ils entrèrent tous les trois au Grand Séminaire. Mais leur âme était embrasée d'une ardeur sans pareille, leur esprit était ouvert à de si vastes projets ; ils avaient trouvé tant de charmes à « ce hardi vagabondage que le cadre de la vie ecclésiastique en France leur parut trop étroit. »

* * *

Lecron partit le premier.

Dorgère attendit au Séminaire que l'heure de la Providence sonnât pour lui. Il réfléchit longuement, puis quand il crut cette heure venue, il manda auprès de lui l'un de ses meilleurs amis à qui nous empruntons ces détails si touchants, et lui dit, tout ému à la pensée de sa famille et de la séparation qui allait s'imposer :

— « Mes parents, je crois, ont quelques soupçons de mon dessein. Sondez-les donc,

____

(1) Abbé Dubois, dans Héros et épopées, extrait de *l'Ami du Drapeau*, revue militaire illustrée, publiée à Joigny (Yonne).

je vous prie, et, s'ils paraissent opposés à ma vocation, dites-le moi franchement : je partirai dès demain, sans tambour ni trompette ! »

Son père et sa mère appartenaient à cette race de fiers bretons trop attachés à la religion traditionnelle pour résister à des desseins aussi généreux. Il y eut des larmes, mais point d'opposition. Heureux et reconnaissant de ce consentement obtenu, Dorgère se hâta de rejoindre son ami à Lyon, aux MISSIONS AFRICAINES. Il y passa deux ans pour achever le cours de ses Etudes théologiques (1879-1880).

C'est l'école d'apostolat où le missionnaire apprend à mourir à tout. « Il meurt d'abord à sa famille : il la quitte, il ne lui appartient plus et, selon toute apparence, il ne la reverra plus. Il meurt ensuite à ses frères selon l'esprit, parmi lesquels il s'est engagé pour prendre une part de leurs travaux : il quittera aussi cette seconde famille paternelle, et probablement pour n'y plus rentrer. Il meurt encore à la patrie : il ira sur une terre lointaine où ni les cieux, ni le sol, ni la langue, ni les usages ne lui rappelleront la terre natale; où l'homme même, bien souvent, n'a rien des hommes qu'il a connus sauf les vices les plus grossiers et les plus accablantes misères [1]. »

Dorgère fut dès lors impatient de souffrir et de se dévouer au milieu des pauvres nègres. Il questionnait avec la plus grande avidité les anciens missionnaires qui revenaient en France rétablir leur organisme affaibli par les privations et les températures de climats insalubres.

Ses lettres de cette époque écrites à sa famille montrent qu'il s'était déjà identifié à cette vie d'apôtre et qu'il vivait en Afrique avant d'y être allé.

Il n'ignorait pas les fatigues, les misères et les déceptions qui l'attendaient, ni les dangers qu'il devrait affronter. « Car le missionnaire n'a pas de demeure fixe, pas d'asile passager, pas une pierre où reposer sa tête ; il n'a pas d'ami, pas de confident, pas de secours spirituel permanent et facile. Il court à travers de vastes espaces. Quelques chrétiens cachés sur un territoire souvent immense, voilà sa paroisse et son troupeau. Il en fait la visite incessante à travers de périls incessants. Trois sortes

____

(1) Louis Veuillot, *Ça et Là* tome II, page 217.

d'ennemis l'entourent sans relâche : le climat, les bêtes féroces et, les plus cruels de tous, les hommes [1]. »

Néanmoins il s'enthousiasmait à la pensée d'être compris bientôt dans cette phalange de soldats que l'on jette en pionniers de la civilisation sur les diverses plages du continent noir pour se consacrer au relèvement intellectuel et moral de ses habitants.

La préparation terminée, il se ressentit de cette sorte de délabrement assez fréquent chez les jeunes clercs à la sortie de leurs études. Il eut besoin d'un peu de repos pour sa santé. Il vint le chercher sur la Côte d'Azur, au Sanatorium que la Congrégation avait fondé à Nice pour ceux de ses membres dont les forces étaient ébranlées ; il y arriva juste à temps pour être expulsé par les décrets de J. Ferry (1880). C'était un bon début et un bon signe pour notre futur missionnaire qui ne rêvait que souffrance et martyre !

Ses supérieurs ne tardèrent pas à mettre le comble à tous ses désirs en l'envoyant au DAHOMEY (1881).

---

[1] Louis Veuillot, loc. cit.

Au moment de son départ vers ces rivages tant désirés, ses adieux aux siens furent émouvants. Ceux à sa patrie qu'il ne comptait plus revoir, ne le furent pas moins. Il savait que notre drapeau flottait déjà sur quelques stations du littoral dahoméen et qu'il ferait œuvre de Français en consolidant nos possessions lointaines ; il savait aussi que, s'il plaisait à Dieu d'étendre encore notre influence là-bas, l'action du missionnaire en serait l'indispensable moyen.

Il partit enivré de bonheur. Le navire qui le portait, ne mit guère plus d'un mois pour faire la traversée, mais ce mois, écrivit-il bientôt, « lui parut aussi long qu'un siècle. »

CHAPITRE II

Le Dahomey avant la conquête

Un champ de bataille. —

Féticheurs et Coutumes sanguinaires. —

Tokpo et Whydah. — Un Missionnaire modèle.

Le Dahomey, aujourd'hui colonie française, était alors le pays du mystère, du fétichisme et de la tyrannie sanguinaire.

Situé sur la Côte occidentale d'Afrique, à l'ouest du royaume de Porto-Novo, avec lequel il forme le golfe du Bénin, ce pays comprend d'immenses plaines, couvertes en partie de vastes forêts ; le bord de la mer est insalubre et marécageux. Quand on s'avance dans l'intérieur, on voit que le sol est, comme toutes les terres vierges, d'une fertilité inouïe, mais peu cultivé, si ce n'est aux abords des agglomérations importantes ; il produit surtout le maïs, le riz, le manioc qui servent à la nourriture des habitants, et l'huile de palme qui seule est exportée par les factoreries. Il est arrosé par plusieurs affluents du fleuve Ouémé qui forme la lagune de Porto-Novo et va se jeter dans l'Océan, après avoir traversé ce dernier royaume.

Abomey, à plus de cent kilomètres de la côte, était la capitale du Dahomey, la résidence du roi et de sa cour. Puis, plus près, se dressaient les murs de Kana ou la ville Sainte ; Allada, siège d'un camp militaire. Whydah, sur la côte, était le rendez-vous des commerçants et des Européens qui trafiquaient avec les indigènes.

Le Dahomey constituait un royaume parfaitement organisé, possédant tout ce qui fait le prestige d'une monarchie.

Il y avait en effet une dynastie dont les ancêtres remontaient fort loin et dont les membres les plus connus de nous sont : GHÉSO qui régnait il y a une cinquantaine d'années et passait pour être assez libéral et l'ami des blancs ; puis GLÉGLÉ fils de Ghéso et que celui-ci envoya au *Lycée de Marseille*, s'il vous plaît ; enfin BÉHANZIN, de célèbre mémoire, que la conquête française allait réduire à l'impuissance et qui devait être le dernier roi du Dahomey.

Autour du roi, une noblesse, gardienne vigilante du trône, et un clergé, jaloux de ses prérogatives, se montraient fort empressés. La noblesse était formée des grands chefs ou Cabécères qui se partageaient les fonctions administratives et militaires. Le clergé était composé de Féticheurs avec pour chef, le « grand féticheur », qui ne quittait pas la personne du roi et siégeait avec lui dans la capitale.

Tout était fétiche dans ce pays supersticieux : certains palais, des animaux comme les serpents, des objets comme des colliers, les armes, certaine catégorie de grands arbres étaient considérés comme sacrés. Le bruit du tonnerre donnait lieu, périodiquement et selon le caprice des féticheurs, à des cérémonies originales et presque toujours sanguinaires. Il s'y trouvait, près de Whydah, un temple des serpents où ceux-ci étaient entretenus vivants, et adorés.

Le Dahomey avait aussi une armée, des ministres, des fonctionnaires. L'armée formait une caste à part indépendante des nagots, gens paisibles qui cultivaient la terre. Elle était composée de plusieurs milliers de guerriers de profession, véritables voleurs de grands chemins , vivant exclusivement du commerce des esclaves et des razzias sur les pays environnants.

Elle était complétée par une légion qu'aucun autre royaume ne peut se vanter de posséder : UNE LÉGION D'AMAZONES, qui n'a pas été moins redoutable à nos soldats que les guerriers de l'armée de Béhanzin.

***

Mais le Dahomey était surtout un pays de religion. Le clergé fétichiste y était tout puissant, plus puissant que le roi et ce n'est pas peu dire.

En effet, c'était surtout du droit divin que celui-ci tenait sa puissance et, à ce titre, le féticheur pouvait le supprimer, sans cérémonie, avec un peu de poison, quand il n'était pas suffisamment respectueux des traditions religieuses, notamment en ce qui concernait les « Grandes Coutumes » ou sacrifices humains.

Tous les rois du Dahomey ont été ainsi plus ou moins les esclaves des féticheurs.

Si le roi Gléglé, fils de Ghéso, malgré son passage au Lycée de Marseille et bien qu'il eût adopté certaines pratiques de la civilisation européenne, fut plus sanguinaire que son père, c'est sans doute par peur, parce qu'il savait que celui ci mort encore jeune, avait été tué par le Fétiche pour avoir lésiné sur le chiffre des victimes humaines.

A ce petit inconvénient près, Sa Majesté Dahoméenne était un souverain fort à l'aise. Il faisait ce qu'il voulait et, quand il rencontrait des mécontents, il avait tôt fait de les convaincre en les supprimant.

Les rois du Dahomey avaient de vrais « parcs à esclaves » qui constituaient les réserves des cérémonies sanguinaires. Ces cérémonies formaient la partie essentielle du culte des fétiches. Croyant à une autre vie et désireux de communiquer avec leurs ancêtres, les rois leur envoyaient des messagers par le procédé le plus court, en leur coupant le cou, après leur avoir confié verbalement un message.

Aux Grandes Coutumes, qui duraient deux mois chaque année, c'était par plusieurs centaines que l'on expédiait « des serviteurs aux rois défunts. » M. Bayol lui-même, lieutenant-gouverneur de Porto-Novo, retenu quelque temps prisonnier à la cour de Gléglé, comme il sera dit, vit égorger plus de deux cents victimes en quelques jours, sans pouvoir rien faire pour les sauver.

Les amazones figuraient à toutes les revues et tenaient une place considérable dans les exécutions. Elles préludaient au supplice des condamnés par des contorsions d'une mimique enragée, couchant en joue le patient, et exécutant autour de sa tête les moulinets les plus hasardeux, fantasia qui était le régal du roi et des grands assis en face. D'autres fois elles revêtaient la victime d'un costume européen et — funèbre raillerie, — plantaient entre ses jambes un parasol, symbole de l'autorité dans ce pays.

E'les formaient la garde particulière du roi. Fanatisées par les féticheurs, grisées de liqueurs fortes au moment du combat, ce sont elles qui opposeront la plus forte résistance aux colonnes françaises.

L'européen, le blanc, était la bête noire du Dahomé n, surtout depuis que l'Europe avait pris des dispositions contre la traite des esclaves sur la côte et les razzias qui y préludaient. Ces mesures avaient en effet indisposé les puissants chefs et surtout les souverains de ce mystérieux royaume qui trouvaient leur compte à ce barbare trafic. — Grands consommateurs d'alcool, les uns et les autres achetaient aux blancs du tafia et les payaient en marchandise humaine.

Mais à force de massacres, celle-ci était devenue de plus en plus rare, la malheureuse population étant tombée de 7 ou 8 millions d'habitants à moins d'un million, vivant dans une perpétuelle terreur. D'où nécessité pour les despotes dahoméens de razzier les peuples voisins.

Tel était le pays qu'on venait d'assigner à notre jeune missionnaire, un pays de réputation sinistre, terreur des voyageurs, des commerçants et même des soldats, où l'esclavage et les sacrifices humains constituaient un danger permanent ; où du côté de la mer, la barre, et dans l'intérieur, les fièvres et l'assassinat guettaient l'européen. Aussi ceux qui s'aventuraient dans l'intérieur, se comptaient. Les plus téméraires qui s'étaient hasardés jusqu'à la capitale, Abomey, avaient failli payer de leur vie cette audace.

Les Européens ne tenaient qu'une faible partie de la côte. Les Français et les Portugais avaient chacun, à Whydah, un FORT qui consistait en deux maisons élevées d'un étage, entourées d'un jardin dont le mur de clôture était procédé d'un fossé à demi comblé et avec pont levis

Les Français occupaient en outre Koto-nou et Porto Novo, résidence du Gouver-neur, depuis l'établissement sur cette ville et sur son territoire, du protectorat sollicité par le roi Toffa devenu notre allié.

* *
*

Le R. P. Dorgère débarqua à Porto-Novo dans les premiers mois de l'année 1881. Un de ses bons amis nous le montre à ses débuts :

« Petit et maigre, il avait des muscles d'acier, infatigables à la marche et aux travaux corporels ; son imagination vive et pratique, faite pour l'action, ne le trahissait jamais dans les cas difficiles ; un sang froid merveilleux s'alliait chez lui à une grande vivacité de décision, le rendant à la fois patient comme un diplomate et audacieux comme un soldat. Avec cela un cœur ardent, attiré par le danger, épris de tout sacrifice et volant comme naturellement . vers ce qui lui paraissait héroïque ; un mépris superbe des aises de la vie et des menaces de la mort. » [1]

A ce portrait fidèle, tous ceux qui, comme nous, eurent plus tard l'avantage d'être reçus au presbytère, ou de rencontrer l'ancien missionnaire à travers la campagne et de lui serrer la main, peuvent reconnaître le curé de Saint-Anne d'Evenos.

« Le Dahomey, ajoute cet ami, devint pour lui une patrie, ou mieux un champ de bataille où Dieu lui confiait le nom de la France, les intérêts de l'église, les droits des petits et des misérables exploités par un despotisme infernal. Dès la première heure il commença la lutte et la prolongea quinze ans (1881-1896). C'est une des plus longues existences de missionnaires soutenues au Dahomey. Le climat et la fièvre jaune emportent régulièrement un missionnaire sur deux dans les six premiers mois de leur arrivée. Celui qui survit est à bout de forces après quatre ou cinq ans de séjour sur cette côte insalubre. Deux fois la terrible fièvre d'Afrique atteignit le P. Dorgère, deux fois on l'administra, le croyant à toute

---

[1] Abbé Dubois, dans la Semaine Religieuse de Nantes.

extrémité... Mais s'il fut blessé pour le reste de ses jours par cette cruelle ennemie de l'Européen, ce n'est pas elle qui devait le tuer. »

* *
*

Ainsi le P. Dorgère ne fit pas exception à la règle implacable ; mais pris de la fièvre, dès son arrivée, il n'en continua pas moins avec son insouciance habituelle, sa route jusqu'à Lagos où il arriva au milieu de Mars 1881, pour de là se rendre en pirogue à Tokpo, centre de la Mission qui lui avait été assignée.

Il a fait lui-même le récit de son voyage et du cérémonial de sa prise de possession :

« Ma pirogue n'était qu'un immense arbre creusé, longueur 6 mètres, largeur 0 m. 70. Un *colchou*, grosse natte, me servait de lit ; une petite tente soutenue par des bambous me préservait des rayons du soleil. La meilleure position est la ligne horizontale. De temps en temps je m'asseyais en tailleur, ma tête touchant la voile de ma tente. Couché, les mains sur ma poitrine, mes coudes ressortaient en dehors de mon vaisseau. Voilà le colis du milieu. A mes

pieds mon diner dans une caisse sans cou-
vercle ; à ma tête, mon sac de voyage, sous
le juel mon révolver, ma blague à tabac, indispensable contre les miasmes de la lagune,
et mon bréviaire. Au haut bout, ma malle
nageant dans un demi pied d'eau ; enfin à
l'arrière, mon canotier en costume du pays.
J'oubliais de vous dire qu'en arrivant, je
suis tombé à l'eau. Mon conducteur ne s'en
était pas aperçu, que j'était déjà remonté. »

C'est à Tokpo qu'il fonda la Mission de
St-Joseph. « Notre terrain, écrit-il, n'a pas
moins de 16 kilomètres de longueur sur une
moyenne largeur de 1 kilomètre : d'un côté
de notre maison, la mer ; de l'autre, la lagune ; autour de nous la forêt vierge. Nos plus
proches voisins sont les panthères, les ti-
gres, les sangliers, les onces, les hippopo-
tames, sans compter les caïmans, les gira-
fes, les singes et les boas. »

Voici maintenant le portrait du roi du
lieu : « C'est un pauvre bonhomme qui vient
ici quatre ou cinq fois par semaine me
montrer son ventre vide pour me mendier
quelques poignées de manioc. Il nous a
abandonné ses droits sur tout le territoire
ravagé de l'ancien Tokpo. »

La vie ne devait pas y être bien sûre, ainsi que le montre encore sa correspondance : « Il y a deux jours, j'ai failli me faire avaler tout cru. Dans un endroit où d'ordinaire je n'avais rencontré que des serpents, je me suis trouvé nez à nez avec un énorme et vieux caïman. Je l'avais dérangé, il se souleva en grognant. D'un bond je reculai et me mis sur la défensive, mais lui gagna la brousse et rentra sous bois. Pendant un quart d'heure il cria comme un malheureux, de ce cri sinistre qui glace le sang dans les veines ; et dire que cet animal immonde est adoré comme fétiche !... Les noirs lui portent à manger à son gîte (en son absense bien entendu !). »

Les distractions du missionnaire sont plus dangereuses que variées. En voici une particulièrement dramatique et qu'il a souvent racontée lui-même :

« Un nègre hors d'haleine accourt. « Père veux-tu tuer un gros boa qui digère un chevreuil ? attends, je vais chercher quatre hommes et une pirogue. » Le Père n'attend pas et part à la recherche du gibier. « Les sauvages l'ont devancé et criblé la bête de coups de fusils. La croyant morte, ils la piquent d'une flèche, l'attachent à un long bambou et la trainent dans la lagune ; mais le boa se sent ranimé par la fraicheur de l'eau et se met à jouer de sa formidable queue. Déroute des nègres qui veulent recommencer la fusillade. Je m'y opposai. Mon révolver au poing, rampant sous bois j'arrivai jusqu'à la tête sans qu'il me vît. J'ajustai et fis feu : le boa se dressa de toute sa hauteur et retomba en vomissant des flots de sang. Il mesurait environ quatre mètres de long et, au moment de sa prise, il digérait un caïman : je ne l'aurais pu croire, si je ne l'avais vu de mes yeux »

***

Cependant les effets de la fièvre se faisaient tellement sentir chez le vaillant missionnaire que ses supérieurs s'en alarmèrent et lui firent quitter momentanément « sa chère Afrique ; » mais son absence fut de courte durée.

Rentré en France en février, il était de retour en octobre de la même année (1883).

Débarqué à Kotonou, Il s'installe au commencement de novembre à AGOUÉ (1), auprès

---

(1) Ville de 10 000 habitants, qui était le siège de la Préfecture Apostolique.

du P. Lecron, son ami et son supérieur qui le réclamait avec insistance, à la suite du décès de deux missionnaires. C'est de là qu'il poussa une pointe sur Abomey-Kalavi, centre important du Dahomey, situé à une demi journée de pirogue d'Agoué et dans lequel aucun Européen, avant lui, n'avait pénétré.

« Les deux premiers jours, écrit-il, j'étais prisonnier. Les fétiches se sont mis de mon bord ; ils ont donné une réponse si favorable au sujet de mon séjour dans le pays, que les autorités m'auraient presque fait violence pour me garder. »

C'est que la réputation du P. Dorgère grandissait tous les jours. Architecte, ouvrier, jardinier, explorateur, médecin, il ne reculait devant aucune fatigue. Il commençait à parler assez bien le portugais, l'anglais, le nagos, le mina et le djii et par là encore se montrait un auxiliaire précieux[1].

Le sang froid dont il donnait des preuves à chaque occasion, était bien fait pour lui attirer l'admiration de tous les païens. Au

____

[1] Au Dahomey il n'existait pas de langue écrite. Les missionnaires ont été les premiers à imprimer des catéchismes et des dictionnaires. Une grammaire française-dahoméenne vient d'être publiée à Lyon par le P. Joulard, missionnaire (1907).

milieu de ce monde tremblant d'esclaves
qui ne savaient point s'ils garderaient longtemps leur tête sur les épaules, menacé par
le poison des fétiches ou les terribles attein-
tes de la fièvre jaune, le Père montrait un
courage inébranlable et avait mérité des
Dahoméens ce bref éloge : « le blanc est un
grand homme, il n'a peur de rien ![1]

D'autre part, le nombre d'infirmes et de
malades qui allaient se faire soigner à la
pharmacie de la Mission, devenait de plus
en plus grand. Souvent l'autorité militaire
surprenait sur la côte des caravanes d'esclaves. Ceux-ci voyaient tomber leurs liens,
mais personne ne s'occupait d'eux ; ils
étaient libres, même de mourir de faim.
Alors le P. Dorgère en avait pitié et leur
donnait les soins que nécessitait leur misérable état.

Qui ne devine toute l'ingéniosité que
devait déployer le bon missionnaire, toutes
les difficultés matérielles qu'il avait à surmonter pour faire face à tant de besoins ?

Il devint bientôt le « grand chirurgien »
des noirs : « docteur Dorgère, écrit-il, avec
clinique dans la rue et visite à domicile. »

____

(1) Abbé Dubois, loc., cit.

Mais ces visites à domicile ne sont pas exemptes de fâcheuses rencontres. Une nuit d'orage, le Père est mandé auprès d'un malade. Il s'y rend et, en cours de route, il entend des hurlements effroyables dans la brousse. « Ce sont les féticheuses du tonnerre qui font les évocations de leur culte ténébreux. » Peine de mort contre quiconque vient troubler leur abominable cérémonie ; ces mégères écharpent l'audacieux impitoyablement. Dorgère n'est pas homme à reculer ; il s'avance, sa canne à épée à la main, et crie à la bande infernale qui l'a vu et l'entoure : « Laissez passer le grand fétiche des blancs ! Malheur à qui le touche ! » Et les furies s'écartent pour le laisser continuer son chemin.

L'intrépidité et la présence d'esprit dont il donnait des preuves journalières en imposaient à la population nègre qu'il évangélisait. Autour de son nom s'était créée toute une légende admirative. Le roi du Dahomey lui-même, Béhanzin, si fidèlement renseigné sur tout ce qui se passait à la côte, le connaissait avant de l'avoir vu ; les grands chefs redoutaient sa mâle assurance et son fier courage ; les noirs comme les européens admiraient sa loyauté à toute épreuve, son inflexible amour de la justice ; les esclaves le vénéraient et le chérissaient comme un père parce qu'il compatissait à leur malheur et se montrait souvent le défenseur de leurs droits foulés aux pieds.

Cette constatation est importante pour bien comprendre les évènements qui vont suivre, pour comprendre surtout pourquoi, bien que par trois fois il se soit trouvé sans défense à la cour du sanguinaire Béhanzin, le R. P. Dorgère a toujours manifesté sa confiance qu'aucun cheveu ne tomberait de sa tête.

Cette auréole de respect, bien connue de ses supérieurs, le faisait désigner pour les postes les plus difficiles, pour ceux où l'on doit se montrer plein d'intrépidité et d'initiative.

Aussi, dès que fut décidée la création de la mission catholique de Whydah, en plein Dahomey, le P. Dorgère fut-il désigné pour en être le supérieur.

*
* *

Whydah était la deuxième ville, la cité commerçante du Dahomey. Le P. Ménager[1]

____

[1] Alors Préfet Apostolique du Dahomey.

vint y installer le nouveau « curé » et ne tarda pas à le quitter en lui laissant pour tout viatique, « sa bénédiction et ses derniers 10 francs. »

Dorgère entreprend aussitôt la construction d'une petite église, d'une maison pour les Sœurs et d'une école ; et le 6 août 1886, joyeux d'avoir fini et surtout d'avoir trouvé crédit, il s'écrie dans une lettre : « Je me suis endetté de 2.000 francs. »

Bientôt son école comprend plus de 200 négrillons des deux sexes du plus bel ébène, « le tout à peine vêtu et plus méchant que la gale. » Il y eut de grandes fêtes d'inauguration ; puis les examens publics des enfants émerveillèrent la colonie. « En voyant de si beaux résultats, écrit-il, j'ai béni le bon Dieu et je n'ai plus pensé à toutes les privations et misères endurées cette année. »

La fête du Père, la Saint Alexandre, devint aussi l'occasion d'une grande réjouissance pour la famille noire : « Congé, promenade aux champs, égorgement d'un porc et saucissonnerie générale. »

Entre temps, des deuils cruels venaient frapper le P. Dorgère dans ses plus chères affections. Il apprenait successivement les décès de son frère Paul, puis de son père. Enfin épuisé, brisé par la fièvre, il lui fallut rentrer en France (décembre 1888). Son séjour dura jusqu'au 23 novembre 1889 où il se rembarqua pour Whydah.

* *

Tel était le religieux qui dirigeait la Mission catholique de Whydah lorsque surgirent les évènements de 1890 que nous allons raconter. Le P. Dorgère allait y jouer un rôle que sa modestie ne soupçonnait pas.

En effet l'heure providentielle venait de sonner pour le Dahomey ; la terre homicide qui avait bu tant de sang, allait voir la fin de la traite des esclaves et des Coutumes sanguinaires.

Notre missionnaire n'avait pas été le dernier à appeler de tous ses vœux le jour de la délivrance de ce triste pays.

De 1883 à 1890, toutes ses lettres sont pleines de ces cris d'angoisse : « Ah | si l'on savait tout ce qui se passe ici ! si je pouvais parler | mais ne comptez pas trouver dans

mes lettres des nouvelles de ce pays terrible.
Je ne pourrais vous en donner sans exposer
nos missions à la ruine. »

Il revient fréquemment sur le misérable
état des indigènes :

« Quels malheureux que les païens ! il
faut l'avoir vu pour le comprendre et pour
le croire. »

Et dans une autre de ses correspondances toujours si intéressantes :

« Quel terrible pays ! En ce moment les
têtes tombent, le sang coule : c'est le
moment des Coutumes. Le roi a fait cette
année plus de 2.000 esclaves. Ce qui ne peut
être vendu sera immolé ..

« Dernièrement ne voulait on pas ma tête
à cause des complications survenues entre
Français et Portugais ! qu'en feraient-ils ?
elle ne vaut rien : trop molle pour faire un
boulet, trop petite pour faire une calebasse. »

C'est avec cette admirable quiétude qu'il
envisage le danger ; il n'a nulle frayeur, nul
désir de fuir ce terrible champ de bataille.
Et si la fièvre le terrasse quelquefois, si la
lèpre elle-même l'effleure et le contraint à
s'en aller, c'est toujours, comme on l'a vu,

pour retourner, peu après, aussi enthousiaste et décidé.

Mais les difficultés surgissent à la côte. Le roi du Dahomey s'irrite de la résistance que la France oppose à ses fantaisies sanguinaires. Le contre coup s'en fait sentir à Whydah.

Le Père écrit toutefois à ses parents de ne pas s'en inquiéter :

« Ne prenez point peur si vous entendez parler de menaces de mort contre les Européens, soit au Dahomey, soit au Popos. Personne ne touchera un cheveu de nos têtes. Pendant le blocus du Grand-Popos, j'ai passé la lagune la nuit et me suis promené en ville ; je n'ai reçu des indigènes que des marques du plus profond respect. A Whydah surtout je jouis d'une grande considération, parce que c'est moi qui ai établi la mission, et j'en ai toujours été le supérieur [1]. »

Et il continue son ministère avec cette belle crânerie qu'il apportait en toute chose.

Aimer, instruire, soigner et nourrir de préférence des étrangers, des sauvages, des êtres d'une couleur autre que la sienne ; les

---

[1] Abbé Dubois, loc. cit.

élever de leur servitude dégradante à la notion de la dignité humaine ; leur inculquer, avec les éléments du christianisme, les préceptes de justice, de charité, d'amour du prochain : telle fut la vocation du Père Dorgère, l'œuvre persévérante à laquelle il consacra les meilleures années de sa vie.

Tout le monde connaît les détails de la vie du missionnaire ; et, ceux qui ont voyagé aux colonies, ceux qui ont navigué dans les stations lointaines, se souviennent du plaisir que l'on éprouve à trouver à la Mission catholique, au milieu des négrillons qui apprennent à connaître un peu de notre religion, de notre langue et de notre civilisation, et dans le cordial accueil du missionnaire, une parcelle de la patrie absente.

Les Pères des Missions Africaines de Lyon étaient établis sur la côte du Bénin depuis fort longtemps. Mais la Préfecture Apostolique du Dahomey n'existait que depuis 1364 « Elle n'avait cessé d'être visitée par la pauvreté, la maladie et la mort », selon les propres paroles d'un de ses chefs les plus remarquables [1].

---

[1] Lettre du P. Lecron aux Missions Africaines de Lyon, 1890.

Et cependant elle exerçait déjà une grande influence sur toute la région. Le capitaine Bertin, de l'infanterie de marine, lui rendait alors ce témoignage :

« Les missionnaires catholiques sont une puissance énorme sur la Côte des esclaves. Les pères Lecron et Ménager à Agoué ; Pied à Porto-Novo ; Planche à Lagos ; Dorgère à Whydah, sont des hommes de valeur, courageux et très fins politiques, ayant acquis un grand ascendant sur les gens du pays, même sur les grands chefs et les féticheurs [1].

____

Revue Maritime et Coloniale, 1890.

Au DAHOMEY. — Un peloton d'Amazones à l'exercice.

CHAPITRE III

La Captivité au Dahomey

**Symptômes alarmants. — Premières hostilités. —
L'assaut de Kotonou
et le guet=apens de Whidah. — Prisonniers des noirs. —
Supplices et angoisses.**

En 1890 nos droits au Dahomey étaient assez restreints. Ils furent précisés à la tribune de la Chambre des députés par le Sous-Secrétaire d'Etat aux colonies [1] qui suivait attentivement les moindres incidents dont ce pays était le théâtre.

En vertu de traités anciens, confirmés en dernier lieu en 1878, la France possédait le territoire de Kotonou.

Ce dernier traité était formel ; il disait : « S. M. le roi Glé-Glé abandonne en toute propriété à la France le territoire de Kotonou, avec tous les droits qui lui appartiennent, sans aucune exception ni ré-

____

(1) M. Eugène Etienne, dans le Cabinet de Freycinet. Journal Officiel, séance du 8 mars 1890.

serve [1] ». Il est vrai que plus tard Glé-Glé désavouera les plénipotentiaires dahoméens, en soutenant qu'ils avaient outrepassé ses instructions.

Le roi du Dahomey nous avait encore cédé le terrain sur lequel était bâti le fort de Whydah dont la possession remontait au XIVe siècle, en face de celui concédé depuis aux Portugais, mais la ville ne nous appartenait pas.

Ce fort, nous l'avons dit, n'avait pas une grande valeur militaire ; la plupart du temps il était fermé faute de garnison.

Le fort portugais n'était guère mieux occupé ; au moment des évènements que nous allons raconter, il possédait dans ses murs une garnison composée d'un officier et d'une dizaine de soldats, plus... un piano destiné sans doute à récréer ces derniers.

D'autre part. nous avions conclu récemment un traité par lequel TOFFA, roi de Porto-Novo, pour se mettre à l'abri des incursions des Dahoméens, ses turbulents voisins, avait sollicité notre protectorat. Ceux-ci n'avaient pas vu d'un bon œil cette

_____

(1) Traité entre la France et le Dahomey Cession de Kotonou, 19 avril 1878, art. 7.

alliance d'un roi nègre avec les blancs exécrés, cette main-mise de la France sur le royaume de Porto-Novo. Aussi le roi du Dahomey, reniant les traités passés par ses prédécesseurs, essayait de nous chasser de Kotonou et intriguait auprès de Toffa et de son peuple pour les forcer à abandonner le protectorat de la France.

Devant le refus de Toffa, le roi du Dahomey lui avait voué une haine implacable ; il rêvait la destruction de son royaume et se permettait fréquemment des incursions à la tête de ses troupes sur le territoire de Porto-Novo. Ses razzias avaient pour conséquence de réduire à l'esclavage les meilleurs sujets de Toffa, d'alimenter ainsi les sacrifices humains offerts aux ancêtres dans les fêtes des Coutumes, à Abomey.

Celui-ci était incapable de résister à son terrible cousin parce que, disait-il avec tristesse, il commandait « non à des guerriers, mais à un troupeau de poules. » Il avait trouvé son salut et celui de ses sujets, en se plaçant sous notre sauvegarde.

Mais il n'avait rien perdu de ses pratiques sanguinaires, ainsi qu'en témoigne ce fait raconté par le R. P. Dorgère :

« Un voleur a été pris par Toffa. Celui-ci l'a

fait empaler sur la place publique, une main clouée sur la tête, l'autre sur la poitrine. Puis on lui a ouvert le ventre pour en retirer les intestins et le saler... Les enfants jouent à ses pieds ; les femmes bavardent auprès, sans même le regarder. Les plus malins disent : « Tant pis pour lui ! pourquoi s'est-il laissé prendre. » Aucun ne dit : « Pourquoi a-t-il volé ? »

Il ne faudrait pas regarder ce fait divers comme un évènement extraordinaire ; rien n'est plus commun dans ce pays barbare :

« Il y a trois semaines, écrit encore le missionnaire, tandis que je montais à Porto-Novo, j'ai trouvé sur la route quatre cadavres d'hommes tués par Toffa. Deux heures avant mon passage, une ville venait d'être entièrement pillée. Huit jours avant, le roi faisait couper la tête à soixante cinq de ses ennemis. La veille de mon départ, deux prisonniers furent pendus ; enfin en passant devant le palais de Bécon, il m'a fallu allumer ma pipe pour chasser l'odeur infecte des suppliciés [1]. »

On le voit, Toffa ne valait guère mieux que son cousin ; il n'était pas moins sangui-

---

[1] Cf Les Contemporains. N· 470 Paris, 5. Rue Bayard (Le Père Dorgère).

naire. Au lieu d'être à la tête d'un peuple de poltrons s'il eût été plus puissant que le tyran d'Abomey, les rôles auraient pu être renversés. Sa faiblesse fit sa force en l'amenant à solliciter la protection de la France [1].

*
* *

Dès 1889, le lieutenant-gouverneur Bayol, en vue de calmer l'hostilité grandissante des Dahoméens, avait ouvert des négociations tendant à obtenir de Glé-Glé, alors souverain de ce royaume, la reconnaissance des droits de notre pays sur Kotonou et la délimitation du territoire de cette ville, la cessation des razzias périodiques opérées par le roi du Dahomey sur le territoire de Porto-Novo soumis à notre protectorat, la suppression des sacrifices humains. Et, pensant mener à bien cette affaire, il avait commis l'imprudence de se transporter en personne à ABOMEY, où sa liberté ne tarda pas à être compromise. Son séjour dans la capitale du Dahomey se prolongea en effet

---

(1) Le roi Toffa devenu moins cruel est resté notre allié fidèle, bien qu'il eût, disait-il, à se plaindre de nos agents qui le traitaient de « sale nègre ». Il était le créateur de l'Ordre de l'Étoile du Bénin qui a fait tant d'heureux chez nous. La France lui servait un traitement annuel de 50.000 francs. Il est mort le 7 février 1908. Son fils Adjici-Toffa lui a succédé.

outre mesure. Avec une habileté de diplomate, le roi ne manqua pas de déployer devant ses yeux tout l'appareil de sa puissance ; il le contraignit même à assister à des sacrifices humains. Bientôt ce trop confiant représentant de la France tomba malade et ne put reprendre le chemin de sa résidence qu'après avoir signé la reconnaissance de la vassalité de Porto-Novo vis-à-vis du Dahomey : c'était un recul [1].

Le 31 décembre 1889, M. Bayol était enfin de retour de Kotonou.

Il était temps, Glé-Glé, souffrant depuis quelques jours, expirait le lendemain. Si sa mort avait coïncidé avec la présence des Européens dans la capitale, leur vie aurait couru de sérieux dangers, en raison des cérémonies sanguinaires qui avaient lieu à cette occasion et accompagnaient la transmission de la souveraineté au successeur.

Le prince Kon-Dô, héritier du trône, succédait à son père sous le nom de BÉHANZIN-AHY-DJÉRÉ. Les Européens le connaissaient comme étant cruel et vindicatif. Les Français savaient qu'il avait déjà combattu leur protectorat sur Porto-Novo et leurs

---

[1] La Guerre au Dahomey, par Edmond Aublet.

droits sur Kotonou. Son hostilité se manifesta sans tarder ; et les autorités Dahoméennes se montrèrent chaque jours plus arrogantes.

A partir de ce moment, le R. P. Dorgère ne sortait guère sans trouver des corps empalés aux bords des chemins, ou des cadavres livrés aux oiseaux de proie. Chaque soir, le « gongon » jetait ses notes lugubres. On savait que cela signifiait : « ce soir, on coupera des têtes. »

****

Le nouveau roi faisait volontiers parade de sa puissance ; et comme il avait besoin d'or, de femmes, d'esclaves, de victimes pour les hécatombes de ses fétiches, il parcourait la contrée en semant la terreur. Plusieurs fois, il passa dans les environs avec ses guerriers et dévasta le pays.

Il se heurta aux Européens de la côte et proféra contre eux de terribles menaces. La présence de ces témoins gênants, qui offraient un asile sûr à ses victimes, l'irritait ; et de plus il ne voulait point admettre que les Français s'interposassent entre lui et le roi de Porto-Novo, dans sa querelle contre celui-ci.

D'autre part M. Bayol revenait de sa mission imprudente à Abomey, dans un état d'exaspération facile à comprendre. Il avait dû non seulement subir le triste spectacle du martyre de plus de deux cents Porto-Neuviens, mais il avait été joué, berné par Glé-Glé qui ne lui avait accordé aucune audience privée et n'avait consenti à discuter avec lui que par l'intermédiaire de son fils, le prince héritier, devenu maintenant roi à son tour. Il était donc décidé à châtier les noirs qui s'étaient moqués de lui et de la France, et fermement résolu à passer de la politique de conciliation à laquelle il avait d'abord cru naïvement, à la politique des « coups de fusils et de canons. »

Les préliminaires du drame à la suite duquel le Dahomey serait conquis par la France, allaient commencer.

On sentait qu'il y avait, comme on dit, de la poudre dans l'air. Dans les relations avec les commerçants européens, on ne rencontrait que visages inquiets, préoccupés de ce que serait le lendemain. L'incertitude régnait partout, la sécurité nulle part. « Impossible

de sortir après sept heures du soir », écrit
alors le P. Dorgère.

Bientôt la réputation dont celui-ci jouissait auprès des autorités, l'influence qu'il
avait réussi à conquérir ne suffirent plus à
le protéger, L'intérêt même qu'il portait aux
pauvres noirs, le dévouement dont il donnait des preuves quotidiennes, le rendirent
suspect.

On sait que les métis portugais pullulent
dans ces régions. Ce sont d'assez vilaines
gens, qui ont pris dans nos mœurs et nos
habitudes tout ce qu'il y a de mauvais, et,
bien entendu, n'ont rien copié de nos
qualités. Ces métis connaissent un peu de
notre langue et lisent nos journaux ; ils
sont au courant des rivalités entre Européens. Ils épient les missionnaires, dénatu-
rent leurs paroles, vont jusqu'à faire violer
leurs correspondances. Ils les entourent
d'un réseau d'intrigues et servent d'espions
à Béhanzin et à ses agents.

On conçoit qu'une situation aussi tendue
ne devait pas tarder de produire des incidents
militaires.

La France allait être amenée à agir non seulement pour venger les insultes continuelles faites à son drapeau, mais encore au nom de la civilisation et par raison d'humanité.

Un ancien missionnaire qui parcourait alors la France en donnant des conférences sur le Dahomey, plaidait d'une façon fort piquante la cause de la civilisation, afin d'éclairer l'opinion et de presser les décisions du gouvernement :

« Ne nous payons pas de mots, disait-il. Aujourd'hui on a sans cesse à la bouche les mots de philanthropie et d'antiesclavagisme : mais à quoi bon réunir des congrès anti-esclavagistes et de faire retentir le monde entier de tant d'accents indignés, si on laisse à quelques lieues de la côte, le tigre du Dahomey dévorer par milliers ses victimes dans son repaire d'Abomey ?

« La question du Dahomey est une question humanitaire.

« Est-il nécessaire d'être membre d'une société protectrice des animaux pour demander que la Côte des Esclaves ne mérite plus ce nom odieux et pour exiger que l'on fasse respecter le droit primordial de l'homme, le droit à la vie ?

« Nos pères ont bien nommé la Côte des Esclaves. C'est le pays de l'esclavage par excellence. Ses enfants, au lieu d'être envoyés comme autrefois en Amérique, sont conduits maintenant enchaînés à Abomey, et jetés dans un fétide cachot, en attendant le bourreau Dahoméen.

« Et ces prisonniers sont les protégés de la France !

« Autrefois on prêtait aux victimes de la douleur cette plainte si expressive : « Je souffre sans espoir, car la France est si loin ! » Ecoutez ces femmes, ces vieillards, ces enfants que le Dahomey a pris ces jours derniers, dans le territoire de Porto-Novo, à portée de nos canons. Dans leur prison, sur la terre humide, tous les jours en face de la mort, ces malheureux captifs se disent : Ah ! je souffre beaucoup ; mais je souffre avec espoir, la France est si près. C'est à cause d'elle que nous avons été pris. Elle ne nous abandonnera pas. [1] »

Des écrivains de talent ne manquaient pas de reprocher à l'Europe même sa honteuse indifférence en présence des atrocités

---

[1] Le Dahomey, par le P. Chautard, des Missions Africaines de Lyon, 1890.

dahoméennes et la sommaient « d'écraser
sans tarder ce nid de cannibales. [1] »

Inutile de dire que ces appels, quelque
touchants qu'ils fussent, n'étaient pas suffi-
sants pour décider nos parlementaires à
engager une expédition contre Abomey. Il
faudra une série assez longue d'évènements
pour leur forcer la main, ainsi qu'on le verra
par la suite.

*
* *

Dès que le lieutenant-gouverneur Bayol,
de retour de la capitale du Dahomey fut
remis de ses émotions, il eut à cœur de se
venger de la détention qu'on lui avait fait
subir.

Mais novice en stratégie [2] et se faisant de
grandes illusions sur la faiblesse de l'ennemi qu'il allait provoquer, il crut pouvoir
ramener le calme et impressionner Béhanzin au moyen d'un coup de force. Comme il
avait très peu de soldats et qu'il ne pouvait
guère compter sur les sujets du roi Toffa, il

---

(1) Les Missions Catholiques au XIXᵉ siècle, chap. XX,
par Louvet (Préfecture Apostolique du Dahomey).

(2) M. le Docteur Jean Bayol, lieutenant-gouverneur de la Côte
des Esclaves, était un ancien médecin de marine.

résolut de procéder par surprise, de façon à suppléer ainsi à l'infériorité du nombre.

— Profitant de l'arrivée du commandant Terrillon avec 400 tirailleurs Sénégalais, il convoqua les chefs indigènes de Kotonou dans une factorerie « sous prétexte de palabre » (21 février 1890). Ceux-ci s'y rendirent sans méfiance et sans armes. Sitôt arrivés, ils furent cernés par nos tirailleurs, arrêtés et expédiés ensuite sous bonne escorte à Porto-Novo au roi Toffa.

Ces otages devaient, dans la pensée de M. Bayol, répondre pour les Français de Whydah et ses environs qui courraient de sérieux dangers de la part des Dahoméens et qu'on ne pouvait secourir en ce moment.

C'était la guerre, pour laquelle aucun préparatif sérieux n'avait été fait et dont le gouvernement français d'ailleurs ne voulait pas, puisque le 17 février, le Sous-Secrétaire d'Etat aux Colonies avait renouvelé au Lieutenant-gouverneur ses instructions les plus pacifiques : « Je vous recommande de ne procéder qu'avec une grande prudence ; les opérations doivent être strictement limitées à la défense de nos territoires et à la protection des factoreries sur la côte. »

Le plus irritant pour le roi Béhanzin,

l'ennemi irréconciliable de Toffa, ce fut d'apprendre que quelques-uns de ses sujets, revêtus d'une partie de son autorité royale, avaient été livrés à son cousin détesté. L'orgueil du tyran d'Abomey en fut profondément blessé. La brutalité dont Toffa fit preuve envers ces otages, provoqua par la suite de légitimes rancunes. [1] Béhanzin voua à M. Bayol une haine féroce et, plus tard, dans tous les pourparlers qu'il aura avec les blancs, il ne cessera de réclamer sa tête.

*_**

Cependant la prise de possession de Kotonou par nos soldats avait suivi de près l'arrestation des otages. Mais il n'y avait pas de temps à perdre pour mettre cette ville en état de défense. Car le surlendemain, 23 février, l'ennemi prenait l'offensive et se présentait pour attaquer Kotonou.

La petite troupe du commandant Terrillon allait être obligée de lutter contre toute l'armée de Béhanzin.

---

(1) P A. de Salinis. Le Protectorat français sur la Côte des Esclaves. La campagne du « Sane », 1889-1890. Paris, Perrin 1908.

Nos soldats soutinrent vaillamment le choc malgré leur infériorité numérique et un armement démodé, puisqu'ils durent se servir de fusils modèle 1866, ceux du modèle 1874 qui leur étaient destinés n'étant point encore arrivés.

Ce fut le premier épisode, certainement très remarquable, d'une campagne qui comptera d'autres faits d'armes tous dignes d'admiration. Il faut bien que ceux qui président aux destinées de la France, escomptent l'héroïsme quotidien et sans défaillance des soldats qu'ils opposent par petits paquets aux gros bataillons de l'ennemi, pour oser leur confier dans de telles conditions l'honneur du drapeau [1].

Grâce à l'énergie des officiers, à la solidité des cadres Européens, nos vaillants tirailleurs Sénégalais et Gabonais repoussèrent heureusement tous les assauts tentés contre Kotonou.

Puis, pour se dégager d'adversaires de plus en plus nombreux et entreprenants, ils effectuèrent plusieurs reconnaissances offensives et infligèrent aux Dahoméens quelques

______

(1) La Campagne du "Sane", ibid. page 14.

dures leçons dans les affaires que nous nous contentons de citer : Zoblo, Godomey, Dogba, opérations sur les rives du fleuve Ouémé, (mars 1890.)

Et ils eurent ainsi à se mesurer pour la première fois, avec les amazones, ces guerrières farouches qui formaient l'une des fractions les plus redoutables de l'armée de Béhanzin. Elles se battaient, dit un témoin, d'une manière féroce : « On en voyait qui, les bras et les jambes brisées par les balles, mordaient comme des chiens quand on voulait les saisir. Presque toujours il fallait déloger ces dames, une à une, à la baïonnette ! »

Parmi ces faits d'armes glorieux, l'assaut de Kotonou par les noirs, dans la nuit du 3 au 4 mars, mérite une mention spéciale en raison des dangers qu'il fit courir à ses héroïques défenseurs.

L'armée de Béhanzin se rua avec une témérité extraordinaire sur cette ville dont le front était trop étendu pour être efficacement protégé par une poignée de braves. C'était de la furie. Guerriers et amazones prenaient leur élan, enjambaient les fortifications de fortune que nos soldats venaient à peine d'édifier, écartaient les fils de fer barbelés et expiraient percés de coups.

Là tombèrent de nombreux guerriers noirs et l'intrépide amazone Nausica, la favorite du roi du Dahomey, qui, franchissant nos lignes avec une audace inouïe, était allé frapper à mort un maréchal des logis d'artillerie.

« Parmi les cadavres des noirs, écrit M. Bayol qui a publié la relation de cette lutte meurtrière, une jeune fille était couchée sur le dos, les bras étendus. Elle était coiffée d'une toque blanche, portait le pantalon écarlate recouvert d'un pagne rétréci, le gilet à fleurs qui, mal fermé, laissait apercevoir les formes naissantes et pures de la vestale dahoméenne.

« Le couperet, dont la lame, recourbée à l'extrémité, montre gravés les symboles fétiches, était retenu à son poignet gauche par une cordelette, et sa main droite était crispée sur le canon de sa carabine.

« C'était le corps de Nausica, l'amazone aimée du roi, l'intrépide guerrière qui, deux mois auparavant, dansait devant son maître et la mission française retenue à Abomey [1] ».

----

[1] L'Attaque de Kotonou, par M. Jean Bayol, Revue Bleue, 1892.

A la suite de ces échecs successifs, Béhanzin qui, avec ses 8.000 soldats, avait juré de nous rejeter à la mer, fut arrêté net. Cette résistance imprévue de 400 Français et Africains l'avait surpris et déconcerté. Le roi du Dahomey renonça, pour un temps, à ses tentatives contre Porto-Novo. Toffa et son peuple de poltrons, nos protégés, purent respirer à l'aise.

Mais il était évident, après des attaques aussi impétueuses qui avaient exposé nos soldats, luttant un contre vingt, à un massacre complet, qu'un envoi immédiat de renforts, en hommes et en artillerie, s'imposait. Ces renforts furent demandés au Gouvernement et fournis par le Sénégal. L'annonce de ces troupes fraîches fut accueillie avec la plus grande joie par ceux qui soutenaient cette lutte inégale.

Et comme en haut lieu l'on avait décidé de ne point prendre l'offensive, la campagne allait se poursuivre avec des intermittences qui prolongeront les alarmes pendant plusieurs mois, mais sans amener de solution définitive.

Il nous faut raconter maintenant le drame qui s'était déroulé à Whydah et qui avait été le prélude émouvant de ces tragiques évènements.

* *

Le R. P. Dorgère, lors des premiers incidents militaires, se trouvait à Agoué où il se reposait. Il s'empresse de rentrer à Whydah où il pressentait que la Mission qu'il avait fondée allait courir de graves dangers.

La ville est presque déserte, les transactions nulles, les chrétiens terrifiés. Le pavillon impérial allemand continue cependant à flotter sur le consulat, le pavillon portugais sur le fort. Mais des bruits sourds de guerre arrivant de toutes parts, il fait partir les sœurs au plus vite.

Il écrit à M. Bayol pour demander son conseil et au P. Lecron pour lui annoncer par une phrase dont le sens était convenu avec lui, sa détermination de rester à Whydah. C'était un post-scriptum ainsi conçu : « L'affaire est dans le sac. Priez ! »

C'est ainsi que le brave missionnaire faisait part de sa résolution de garder fidèlement son poste en ce moment solennel.

Il préférait courir les plus grands dangers plutôt que d'abandonner ses ouailles en face du péril.

Mais il ne compte pas se laisser égorger sans défense. Il va se concerter avec les quelques commerçants français de Whydah qui, toujours insouciants, continuaient à vaquer à leur négoce, malgré les bruits les plus alarmants.

Ceux-ci avaient reçu de leur correspondant de Kotonou deux lettres : l'une d'elles disait de se réunir dans la factorerie, d'y attendre tranquillement les évènements, et annonçait la venue prochaine de soldats pour les délivrer ; l'autre contenait l'avis mystérieux du changement du mot de passe convenu : *Requin*, qui devait annoncer le commencement des hostilités. Car il s'agissait de correspondre à mots couverts, à cause de la surveillance étroite des autorités Dahoméennes.

Puis arriva une lettre du Lieutenant-Gouverneur lui-même, datée de Kotonou, et contenant justement le mot fatidique qui pouvait bien être le signal d'une délivrance prochaine. Elle était ainsi conçue :

« REQUIN. Ayez pris le 17 toutes vos

précautions. Prière songer aux Missionnaires et vous prie de *ne pas vous inquiéter.* » Signé : Jean Bayol. » [1]

Toutes ces lettres paraissant se compléter et recommandant de ne pas s'inquiéter, il était évident pour les intéressés, c'est-à-dire pour les Européens de Whydah, qu'on ne tarderait pas à venir à leur secours.

En même temps le P. Dorgére recevait de son supérieur l'autorisation de rester, puisque son zèle le poussait à demeurer à Whydah au moment du péril, mais à la condition de se mettre sous la protection de l'Agent consulaire de France, à l'abri du drapeau national.

A la Mission, on tient conseil et l'on décide d'abandonner ses locaux et même la factorerie Régis, — quoique installée alors dans le vieux fort français, — et de se réunir à la factorerie Fabre, la plus propice à la défense.

Celle-ci appartenait à la maison *Cyprien Fabre et Cie* de Marseille. De la maison d'habitation à moitié construite en planches, il y avait la distance d'une lieue pour se

------

(1) Lettre du Lieutenant-Gouverneur Bayol, 14 février 1890.

rendre à la mer. Par-dessus les marécages et la lagune, on apercevait les navires en rade. A ce moment, la canonnière portugaise *Mondovi* était mouillée sur cette rade mais assez loin.

Devant les menaces persistantes des noirs, nos compatriotes se hâtent de mettre la maison Fabre en état de défense. On barricade les portes, on fortifie la cour et la vérandah avec des sacs de sel et des balles de tissus ; pour rendre la cour impraticable aux Dahoméens qui marchent pieds nus, on brise plusieurs milliers de bouteilles et on parsème le sol de leurs éclats. On coupe l'escalier que l'on remplace par une échelle mobile ; on fabrique des cartouches et l'on examine les armes qui comprenaient quelques fuils de chasse et des révolvers.

On espérait toutefois que les secours ne tarderaient pas à arriver et l'on vivait dans une confiance relative.

Le 15 février 1890 se trouvaient ainsi réunis dans la factorerie transformée en redoute: MM. BONTEMPS, Agent consulaire de France et gérant de la maison Fabre ; CHAUDOIN, second de la Factorerie : PIÉTRI, agent de la plage ; TOORIS, agent de la maison Régis de

Marseille ; Heuzé, second de cette maison ; Deuley et Legrand, commis ; et enfin les R R. P P. Dorgère, supérieur de la mission et Van de Pavord, missionnaire d'origine Hollandaise.

Dès le premier jour, l'officier Portuguais leur avait offert généreusement de les prendre dans son fortin d'ailleurs mal protégé et presque sans garnison. Ceux-ci avaient décliné l'offre, en exprimant leur remerciements, ne voulant pas créer de difficultés internationales et bien décidés comme français, à faire face à l'ennemi, quoi qu'il pût arriver. D'ailleurs les rivalités entre nations sont si grandes aux colonies que ce refus s'explique de lui-même. On aime peu être redevable, même à une bonne voisine, de sa protection, quand on peut escompter le secours de sa propre nation et Whydah n'est qu'à 40 kilomètres de Kotonou.

Bientôt la brise apporte les échos du chant de guerre qui retentit au loin, et des coups redoublés du tam-tam. Les Dahoméens viennent jusque sous les fenêtres de la faible redoute faire aux assiégés des gestes significatifs indiquant qu'on va leur couper le cou.

La veille, le consul et une douzaine d'employés allemands avaient jugé prudent de se mettre à l'abri sous notre pavillon ; leur venue avait grossi heureusement le chiffre de la garnison.

Dans l'intérieur, on se tient sur la défensive ; on monte la garde chacun à son tour. Le P. Dorgère n'est pas le dernier à prendre son heure de faction. A la moindre alerte, tout le monde est debout, mais on est convenu de ne pas tirer les premiers.

Ce n'est pas sans une vive inquiétude que nos compatriotes voient le nombre des assiégeants grossir d'heure en heure. Ils comprennent qu'ils sont cernés, mais ils espèrent en l'arrivée des troupes promises. Pourvu qu'elles arrivent à temps !

On monte fréquemment sur le toit pour inspecter l'horizon et voir si l'on n'aperçoit pas un navire de guerre français. Le 19, au matin, se dessine au loin, dans la mer, une masse noire. Plus de doute, c'est un transport de l'Etat. » Quelle joie ! c'est le salut ! Vive la France ! s'écrie le P. Dorgère. [1] »

____

[1] Prisonniers au Dahomey, Récit du P. Dorgère dans les Missions Catholique du 4 Septembre 1891.

Sans s'arrêter, sans faire aucun signal et même sans apercevoir celui qu'on lui fait avec une anxiété bien compréhensible, le transport, muet et indifférent, continue fièrement sa route et bientôt disparait. Cruelle déception !

On sut plus tard qu'il s'agissait de l'*Ariège* avec le commandant Terrillon et ses 400 hommes qu'il transportait en hâte non à Whydah, mais à Kotonou. Là sitôt débarqués ils durent, comme nous l'avons dit, se mesurer avec l'ennemi averti depuis longtemps de leur arrivée.

L'angoisse commence à envahir les cœurs ; on désespère ; et, ce qui augmente encore les souffrances morales, c'est la privation de tout renseignement. Que se passe-t-il ? La France oublie-t-elle ses enfants en péril ? Cette pensée préoccupe les Français; ils sont en présence d'Allemands qui ont eu confiance en leur protection, qui ont compté trouver un abri sous le pavillon de la France. L'abandon, dans ce cas, serait doublé d'une honte.

* *
*

Tandis qu'ils se livrent à leurs tristes pensées, les jours s'écoulent et les vivres ne tardent pas à diminuer ; on se rationne. Mais le service de veille et les alertes fatiguent beaucoup les Européens qui s'attendent d'un moment à l'autre à être attaqués, peut-être la nuit, car les Dahoméens sont coutumiers des attaques nocturnes. Voilà que le découragement s'empare de l'un d'eux ; le P. Dorgère l'empêche de se suicider.

Seuls, en face de tout ce peuple dont les cris féroces arrivent jusqu'à eux à toute heure du jour et de la nuit, défendus par une faible épaisseur de planches, avec quelques armes qui deviendront rapidement impuissantes, que peuvent-ils faire pour défendre et sauver leur vie ? [1].

Enfin à bout de force et de vivres et désespérant de voir arriver les secours promis, les assiégés consentent à entrer en pourparlers avec les noirs qui les environnent.

Un parlementaire, un chrétien, Candido Rodriguez, se présente à eux, leur dit qu'ils ont tort de s'enfermer ainsi dans la factorerie et les engage à aller à *la Gore* prendre communication d'une lettre contenant les instructions de Béhanzin aux autorités de

---

[1] La Campagne du "Sané", loc. cit. page 284.

Whydah. Il promet qu'il ne leur sera fait aucun mal. On refuse d'abord et on se méfie. Mais l'infâme Rodriguez auquel les serments ne coûtent rien, jure sur la tête de son père, sur le Christ, que les autorités sont animées des meilleurs sentiments et que les Européens n'ont rien à craindre.

Le Gore était un lieu de réunion qui servait à la fois de préfecture, de mairie et de tribunal. Justement des Allemands y avaient été très bien reçus le matin même.

Les assiégés, après bien des hésitations se laissent convaincre et consentent à s'y rendrent, en laissant la factorerie sous la garde de leurs serviteurs.

En arrivant à la Gore, ils ne manquent pas d'être quelque peu surpris de trouver dans la cour une centaine de noirs robustes, tous occupés à compter des cauris (petite monnaie locale) et paraissant ne point remarquer les nouveaux arrivants. Ceux ci s'avancent sans méfiance, et d'ailleurs il est trop tard pour reculer.

Les Allemands sont introduits les premiers. Pourquoi cette distinction ?, Ils sortent un instant après ; on leur a signifié de réintégrer leur factorerie.

C'est maintenant le tour des Français. Au moment où ceux-ci, après avoir traversé la cour, se trouvent devant la porte qui donne accès au tribunal, un cri strident, un signal retentit et, en un clin d'œil, dix noirs se jettent sur chacun d'eux, les terrassent brutalement et les étranglent selon la mode du pays qui consiste à enfoncer le pouce dans la gorge jusqu'à la luette ; et, tandis qu'ils suffoquent, leur amarrent solidement les bras autour de la ceinture. Nos infortunés compatriotes sont dépouillés de leurs vêtements et chaussures ; on leur arrache les cheveux et la barbe ; on enlève au P. Dorgère sa soutane que l'on déchire à coups de sabre devant lui. On passe ensuite au cou des prisonniers un carcan, on les relie deux à deux au moyen d'une barre de fer indépendante d'une lourde chaîne qui va d'un carcan à l'autre, puis on les jette en prison tout sanglants.

Le moment est terrible ; en se reconnaissant dans la case étroite et infecte qu'on leur a donnée pour cachot, tous pensent que leur dernière heure est venue.

Pauvres malheureux ! Ils sont couchés presque un sur l'autre, sans pouvoir bouger. Si l'un veut se lever, il tire sur la chaîne et fait souffrir les autres. Brûlés de soif et dévorés par la fièvre, on leur refuse d'abord l'eau et la nourriture[1]. Ils en concluent qu'on les réserve aux supplices des Coutumes, c'est-à-dire à la mort.

Ils endurent, pendant plusieurs jours, ces tortures physiques et morales sans que les féroces gardiens qui les surveillent étroitement, aient la moindre pitié pour leurs souffrances.

Enfin on les fait comparaître devant le Yévoghan ou procureur du roi, qui siège à la Gore. Celui-ci tente d'obtenir certains renseignements. Il leur demande s'il savent qu'un débarquement de Français doive avoir lieu à Whydah et quand ? Ils répondent qu'ils ne savent absolument rien ; qu'occupés seulement à faire du commerce, ils n'ont rien à voir dans les questions de guerre ; que d'ailleurs leurs intentions étaient des plus pacifiques puisqu'ils n'ont même pas tiré sur les noirs qui étaient venus les menacer devant la factorerie.

Candido Rodriguez ne veut pas croire à ces affirmations ; il est le plus insolent. Il demande et le nombre des navires en

____

(1) Les Contemporains, N° 470 (Le Père Dorgère), loc. cit.

marche vers le Dahomey et le chiffre de soldats qu'ils transportent. C'est par le silence que les prisonniers répondent aux questions insidieuses du traitre.

Le Yévoghan, ne pouvant rien tirer des captifs, les renvoie en prison, tandis que la populace surexcitée les bouscule, les pince, les frappe avec des bâtons, en les traitant de chiens, de cochons et même de *nègres !* « insulte qui nous aurait bien fait rire à tout autre moment » raconte M. Chaudoin, l'un d'eux, qui a publié le journal de cette terrible captivité. [1]

****

Les jours se succèdent dans l'incertitude la plus cruelle et la plus démoralisante. Mais une nuit les prisonniers sont brusquement éveillés, débarrassés de leur chaîne et solidement garrottés. Cela n'est pas d'un bon augure et ils sont loin d'être rassurés. Où va-t-on les conduire ? A peine sortis, ils sont fixés. Des hamacs les attendent avec leurs hamaquaires. Plus de doutes, on les

---

[1] Trois mois de captivité au Dahomey, par Chaudoin, librairie Hachette (1891). Nos sources pour l'épis de de la captivité sont aussi : les Annales de la Propagation de la Foi ; les Mis ions Catholiques ; le rapport du Vice-Consul, M. Bontemps ; les Souvenirs du Père Dorgère. et les notes de celui-ci et du Père Martin, son compagnon au Dahomey, etc.

emporte dans l'intérieur à travers la brousse, les marécages et les forêts.

Bientôt ils s'aperçoivent que le P. Van de Pavord n'est plus avec eux. Les noirs, parfaitement au courant des règles diplomatiques, l'ont laissé à Whydah à cause de sa nationalité hollandaise qui n'a rien à faire dans la querelle entre le Dahomey et la France.

Après plusieurs heures de marche, les hamacs sont jetés brutalement à terre. La troupe s'arrête, défense de remuer et de parler.

M. Chaudoin distingue malgré les ténèbres la silhouette du P. Dorgère. Il lui dit à voix basse : « Où sommes-nous ? » Le Père répond : « Je crois reconnaître Savi. » C'était la route d'Abomey.

On conçoit combien la perspective d'aller à Abomey, dans la ville des sacrifices humains, devait être peu rassurante pour les infortunés prisonniers et leur inspirer d'angoissantes réflexions.

Ce voyage interminable en pays ennemi, au milieu d'une population de barbares, menace de devenir tragique. Rien ne manque comme insultes et privations à nos malheureux compatriotes. Vingt fois ils s'attendent à être massacrés, et le P. Dorgère dont la mâle assurance ne faiblit pas un instant et qui malgré tout en impose aux noirs de l'escorte, a toutes les peines du monde pour remonter le courage de ses compagnons d'infortune.

Enfin ils arrivent à Allada, en plein camp Dahoméen, et ne sont pas peu surpris d'y trouver tous leurs employés noirs des factoreries de la côte, enchaînés aussi et portant la trace des fatigues et tortures endurées. Pauvres gens ! Leurs têtes tiennent encore moins sur leurs épaules que celles de leurs maîtres.

Une case est indiquée pour demeure aux prisonniers ; ils s'y trainent péniblement. On leur donne enfin de l'eau pour se laver. Leur nourriture est améliorée. Les convives font honneur au repas, car ils meurent de faim. Ils reprennent espoir ! Si on les nourrit, c'est qu'on ne veut pas les tuer.

*
* *

Telle avait été la réponse du Dahomey à l'arrestation, par ordre de M. Bayol, des autorités indigènes de Kotonou. Le coup avait parfaitement réussi. Il provenait sans aucun doute de Béhanzin lui-même.

« On savait, dit le P. Lecron, que les Français renfermés à la maison Fabre ne seraient pas faciles à prendre. La ruse dahoméenne devait réussir. Tous les noirs *habillés* qui étaient à la capitale furent renvoyés à Whydah, avec l'ordre, dit-on (ce qui ne paraît pas douteux), de s'emparer des blancs ou de payer leur insuccès de leur tête [1]. »

La nouvelle du guet-apens de Whydah, répandue par le *Sané*, en croisière le long de la côte, plongea dans la consternation les missionnaires des différentes stations. La suite de la lettre du Préfet apostolique en témoigne :

« Le commandant me dit qu'il avait communiqué avec une canonnière portugaise qui se trouve dans les eaux de Whydah. Il a appris la captivité des blancs et leur envoi à la capitale. Tout autre nouvelle me manque. Je suis dans une anxiété que vous devez comprendre. Plus tard, il sera plus facile de juger les faits ; mais je tremble

---

[1] Lettre du R. P. Lecron, citée par de Salinis, La campagne du ' Sané" Ibid, page 285

pour la vie des Pères. Ce peuple cruel est capable de toutes sortes de violences. Nos deux maisons de Whydah sont sans gardiens, ouvertes à tout le monde ; le bruit court qu'on a tout pillé. Que Dieu délivre nos chers prisonniers ! »

Le récit de la captivité de ces huit Français forme l'un des épisodes les plus émouvants de notre histoire coloniale. On y retrouve en jeu, à côté des pratiques barbares des noirs, les intrigues néfastes qui s'opposaient à la pénétration pacifique de l'influence française au Dahomey. Toute la presse se fit, à cette époque, l'écho de ce douloureux évènement.

CHAPITRE IV

La délivrance

Rencontre de Béhanzin à Allada. — En route pour Abomey. — La bataille d'Atchoupa. — L'audience de congé. — La fin d'un drame. — Vive la France !

Le 14 mars au matin, les prisonniers français sont éveillés par un grand vacarme.

La ville d'Allada est sens dessus-dessous : le canon tonne, les tams-tams et les clochettes de fer font entendre leurs sons assourdissants, des cris s'élèvent de toutes parts.

La population est dans la joie. Il y a du nouveau, car les otages reçoivent de quoi faire toilette : on leur donne des vêtements et des chapeaux, on leur rend leurs chaussures.

On dit que le roi va arriver ; et c'est sans doute pour les faire comparaître, dans une tenue décente, devant le monarque habitué à certains usages européens, qu'on a pour eux ces attentions spéciales.

Effectivement, Sa Majesté Béhanzin fait, dans l'après-midi, son entrée dans la ville, au milieu des chants, des cris, du délire de la foule. Le spectacle ne manque pas d'être original.

En avant de l'armée royale marchent les troupes régulières avec leur multitude de petits drapeaux. Puis viennent les féticheurs, les gardes royaux agitant la queue de cheval qui leur sert de marque distinctive, le bourreau portant dans une corbeille d'argent le grand coutelas qui sert aux expéditives justices du terrible monarque.

Les amazones, encadrant le cortège royal, suivent en agitant leurs armes avec enthousiasme et entonnent leur hymne triomphal :

« Dahomey ! Dahomey ! — La prochaine guerre sera terrible ; — Nous nous battrons comme les requins de Kotonou. — Il nous faudra porter des jupes rétrécies.— Mais tu seras le roi de l'Univers, ô Dahomey !

« Dahomey ! Dahomey ! — Tes filles sont plus courageuses que les hommes, — Les lionnes sont plus terribles que les lions, —

Car elles ont leurs petits à défendre, — Et nous, les amazones, nous avons à défendre, — Le roi, notre roi et notre Dieu.

« L'ennemi fuira devant nous. — Et nous reviendrons victorieuses, — En apportant des têtes sanglantes, — Pour les offrir aux fétiches. — Dahomey, tu seras le maître de l'Univers ! »

Sur le déclin du jour, des Cabécères arrivent à la case où logent les captifs, leur font attacher les mains autour de la taille et les conduisent au roi au milieu du camp.

Béhanzin les attend au centre de son armée noire rangée sur trois rangs en ordre de bataille.

« C'était, dit M. Chaudoin, un tableau d'une sublime horreur.

« Dix à quinze mille guerriers, robustes et musclés, ou amazones gardes du corps du monarque sont là, armés de fusils et de couteaux manchettes !

« Pas un cri, pas un geste, pas un bruit. Vieilles ou jeunes, laides ou jolies, ces ama_zones sont merveilleuses à contempler. Aussi solidement musclées que les guerriers noirs, leur attitude est aussi disciplinée et aussi correcte, alignées comme eux au cordeau.

« Les chefs sont en serre-files en tête des colonnes, reconnaissables à la richesse de leur chemisette, à leur air fier et résolu...

« Au-delà était la foule, silencieuse et recueillie. La scène, certes, ne manquait pas de grandeur. Nous avons été littéralement stupéfiés [1]. »

On devine l'émotion qui étreint le cœur de nos compatriotes devant ce spectacle impressionnant et cette mise en scène rien moins que rassurante.

Le roi les reçoit avec colère, leur parle d'une voix vibrante, tandis que les chefs, à droite et à gauche, se prosternent, la face contre terre. Ce qu'il dit doit être effrayant à voir la consternation qui se lit sur le visage des assistants. Un interprète noir, ancien employé de factorerie, traduit à voix basse.

Béhanzin profère des menaces contre les Français qui l'ont bravé à Kotonou et s'apprêtent, dit-il, à attaquer Whydah. Néanmoins il ne retire pas son amitié au « roi de France » qui doit avoir été trompé par Jean Bayol

____

(1) Récit de M. Chaudoin, Les otages.

dont la tête lui aurait été depuis longtemps remise, s'il était à la place du roi de France...

Tandisqu'il parle ainsi, à distance et dans l'obscurité qui commence à grandir, un murmure de terreur se répand sur l'immense plaine.

Sa Majesté ordonne ensuite de ramener les Français en prison et de les conduire le lendemain à la capitale où Elle va les attendre.

Aussitôt ceux-ci sont entrainés et reconduits dans leur misérable case.

Mais, dès leur retour, ils reçoivent la visite du Cabécère Zizi-Dogué qui, à leur vif étonnement et à leur grande joie, vient leur annoncer qu'ils ne seront plus considérés désormais comme des prisonniers ni maltraités ; le roi ne veut pas qu'on leur fasse aucun mal. Il leur conseille d'écrire au « roi de France » de rendre à Sa Majesté Béhanzin ses autorités et ses terres, et la guerre cessera...

Les Français croient comprendre qu'on compte les garder comme otages et peut-être les échanger contre les indigènes arrêtés à Kotonou. Leur captivité prend dès lors une meilleure tournure et la journée du lendemain se présente joyeuse à ces malheureux qui entrevoient pour la première fois la perspective de leur délivrance.

Ils trouvent néanmoins singulier qu'on les conduise à Abomey, vers cette ville mystérieuse que nul ne connait et, où la vie, comme disent les Dahoméens, est plus fragile que le verre [1]. Si le roi est si bien disposé pour eux, pourquoi n'essaye-t-il pas de négocier tout de suite l'échange des otages ? Persistera-t-il dans ses dispositions si subites et si surprenantes de générosité ?

*
* *

Au milieu de ces légitimes préoccupations, les prisonniers poursuivant leur route vers Abomey, traversent les grandes Lamas, parties couvertes d'obstacles naturels, de défilés et de rochers qui servent de défenses à la capitale ; puis Kana, la ville sainte ; Djébé, village aux portes d'Abomey, où ils trouvent, à leur grande surprise, leur cuisinier de Whydah. Les gardiens multiplient leurs aimables attentions.

---

(1) Trois mois de captivité au Dahomey, par Chaudoin, loc. cit.

Les voici devant la célèbre capitale. Ici leurs angoises recommencent, car la population parait très hostile aux nouveaux arrivants.

Plus de vingt mille personnes sont là qui les attendent et les escortent depuis le mur d'enceinte qu'ils franchissent en plein jour, et les huent de leurs hou-hou assourdissants, les menaçant du geste et cherchant à bousculer l'escorte qui a du mal à les protéger contre la fureur populaire.

Quelles minutes pleines d'angoisse ! Un spectacle « qui leur serre brusquement la gorge, » s'offre à leur vue. Précédant le cortège, quatre guerriers portent dans des pots de terre les têtes de quatre Français tirailleurs Sénégalais tués à Kotonou. Cette vision horrible jette les infortunés otages dans la consternation.

Ils arrivent sur la vaste place du palais royal dont ils doivent faire trois fois le tour à pied, en signe d'humiliation devant leur vainqueur, ce pendant que le drapeau blanc, qui est celui du Dahomey, flotte sur le palais et que la multitude qui grossit à vue d'œil, se livre à ses inquiétantes manifestations.

On les conduit enfin à la demeure qui

leur est assignée et où, harrassés de fatigue
et rouges de honte et de colère, ils cherchent
à prendre un peu de repos et à trouver dans
leur esprit l'explication de ces dramatiques
évènements.

Ils comprennent alors le sens de leur
exhibition devant l'armée Dahoméenne réunie au camp d'Allada et du défilé pénible et
humiliant de tout à l'heure. C'est en captifs,
les bras attachés autour du corps, que
Béhanzin a voulu les montrer à son peuple
pour lui prouver qu'il avait vaincu la
France.

*
* *

Le lendemain, nouveau changement et
retour aux bonnes manières. Les Français
sont presque devenus des plénipotentiaires.
Ils recoivent la visite des Cabécères qui
s'enquièrent de leur santé et leur font remettre des provisions. Quelques-uns vont
même jusqu'à leur serrer la main.

Zizi-Dogué vient ensuite leur annoncer
que leurs compatriotes sont chassés de
Kotonou et qu'ils ont repris la mer avec

leurs bateaux, ce qu'ils s'empressent de ne point croire, bien entendu. Il leur conseille d'écrire à M. Bayol et de l'engager à mettre en liberté les Cabécères qu'il détient.

Les otages se décident à le faire. Le P. Dorgère est désigné pour tenir la plume.

Voici le texte de cette lettre qui fut signée de tous les captifs :

Abomey-Dahomey, le 4 avril 1890.

MONSIEUR LE GOUVERNEUR,

« Le 24 février, pris comme otages, et les agents des maisons C. Fabre et Régis et les missionnaires résidant à Ouidah, nous avons été, sur un ordre du roi, conduits à la capitale du Dahomey.

« Sa Majesté a montré une grande surprise au sujet du bombardement de Kotonou et nous a assurés de son amitié pour la France.

« Elle nous prie de vous dire que ses sympathies pour notre patrie sont toujours des plus vives.

« Ses désirs les plus intenses sont que vous lui rendiez tous les otages que vous avez faits à Kotonou et de plus tous les prisonniers sujets dahoméens qui sont en votre pouvoir.

« Prisonniers de guerre à la capitale, nous vous supplions, Monsieur le Gouverneur, de vouloir bien accéder à sa demande, car un refus formel nous serait tout-à-fait préjudiciable.

« Du reste, jusqu'à ce que vous ayez traité cette question avec Sa Majesté, nous ne pourrons sortir, pas même pour nous embarquer pour la France.

« Nous comptons sur vous, Monsieur le Gouverneur, pour ne pas prolonger plus longtemps cet état navrant de huit prisonniers qui désirent légitimement entrer en possession de leur liberté.

« Daignez agréer...

« Signé: Bontemps, Chaudoin, Legrand, Piétri, Delay, agents de C. Fabre et Cⁱᵉ ; A. Dorgère, supérieur des Missions catholiques ; Heuzé et Tooris, agents de Régis. »

M. Bontemps a raconté plus tard dans quelles conditions ce document fut rédigé[1]. Il avait été évidemment dicté et imposé par

---

[1] Rapport de M. Bontemps, vice-consul de France.

Zizi-Dogué à nos compatriotes qui étaient loin d'avoir la faculté et la liberté d'en discuter les termes. Le roi fut ravi et en retour leur fit remettre comme cadeaux des bouteilles de liqueurs. Cette lettre, dans sa pensée, devait ouvrir la voie à des négociations qui lui donneraient le temps nécessaire à la préparation de ses projets belliqueux. C'est ce qui arriva.

Toutefois elle ne parvint pas au docteur Bayol dont le « roi de France » n'avait certes pas demandé la tête, mais avait ordonné le rappel à Paris pour qu'il rendit compte de son administration. Cette lettre fut remise à son successeur intérimaire, dont nous allons parler.

A la suite de dissentiments survenus entre M. Bayol et M. Terrillon qui venait d'être promu lieutenant-colonel, le gouvernement avait confié la conduite des opérations au capitaine de vaisseau Léopold Fournier, commandant du croiseur le *Sané*.

Celui-ci disposait sur mer de forces relativement imposantes. Il avait sous ses ordres un autre croiseur, le *Kerguelen*, des canonnières, l'*Emeraude* et la *Mésange*, des avisos-transports, le *Brandon* et l'*Ardent* ; et, en attendant l'arrivée prochaine de la *Naïade* avec un contre-amiral et du *Roland*, autres croiseurs, il était à même de faire le blocus des côtes du Dahomey.

Mais l'action du nouveau commandant en chef ne pouvait s'étendre au-delà de la portée des canons de ses navires ; et toute offensive dans l'intérieur lui était interdite par suite des ordres reçus de Paris qui redoutait une nouvelle aventure coloniale, et surtout de la faiblesse des effectifs de l'armée de terre qui n'était renforcée qu'à de longs intervalles et par petits paquets, selon une coutume qui n'était pas nouvelle en France.

Néanmoins le transfert à la Marine de la direction des affaires du Dahomey, jusque-là confiées au Ministère des Colonies, constituait un progrès; car il réunissait sous une seule main les troupes de terre et de mer et les affaires politiques elles-mêmes.

Peu après la lettre des otages qui témoignait, à s'y méprendre, des sentiments pacifiques du roi et de son désir d'entamer des négociations, le commandant Fournier recevait de Sa Majesté Béhanzin la lettre suivante adressée à M. Ballot, résident à Porto-Novo, et dont la date est à méditer. Elle est en effet datée du 17 avril et la bataille d'Atchoupa dont nous allons parler, eut lieu le 20.

Lettre du roi Béhanzin à son Excellence Illustrissime Monsieur le Résident de France.

Abomey, le 17 avril 18 0.

« Au mois de novembre 1889, Jean Bayol, représentant de la République Française, Gouverneur de Porto-Novo, est venu dans la capitale du Dahomey pour faire un contrat (une convention) touchant la question de Cutona (Kotonou) et quand, pour la première fois, nous avons causé ensemble, le même Jean Bayol m'a raconté que les deux contrats qui se trouvaient au pouvoir de la France, avaient été reconnus comme entachés de fourberie, et cela même par les interprètes, et que le roi Gilli (Glé-Glé) demandait seulement qu'on laissât faire là le débarquement des marchandises et de toutes choses pour qu'elles suivissent leur route jusqu'à Porto-Novo, en payant les droits de douanes anciens.

« Mon père a accepté et le même Jean

Bayol m'a laissé un contrat à cet effet [1] ; et sur ces entrefaites, mon père s'est trouvé indisposé et le même Jean Bayol s'est alité et ne pouvant plus arriver à un contrat et voyant que les ennuis continuaient à être grands, je fus contraint de renvoyer Jean Bayol qui avait été fort bien reçu par mon père. Il fut envoyé le 28 décembre et le 30 du même mois mon père Glé-Glé est décédé.

« Je suis monté sur le trône le 1er janvier 1890... Et le 17 février de la présente année j'ai reçu avis, par lettre que les négociants français d'Adjuda (Vhydah) s'étaient établis dans la maison Cypriano Fabre de Marcesla (Marseille) brisant un grand nombre de bouteilles contenant des boissons, des bouteilles vides, pour se fortifier et ayant des armes chargées.

« Ayant appris cela, j'envoyai immédiatement mes autorités qui se trouvaient avec moi dans la capitale, pour se rendre compte du fait. Et le jour même qu'elles arrivèrent à Adjuda, savoir le 21 février, Jean Bayol fit bombarder Cutona sans me donner aucun avis, emprisonnant mes autorités et les

---

(1) Allusion à la convention relative à la vassalité de Kotonou envers le roi du Dahomey que M. Bayol fut contraint de signer pour recouvrer sa liberté.

Les Pères missionnaires et les agents des factoreries françaises, arrê

M. Chaudoin   M. Deulay   M. Heuzé   M. Legrand   M. Tooris

Les otages à Whydah par ordre du roi du Dahomey, le 28 février 1890

envoyant à Porto-Novo pour les livrer à mon ennemi le roi Toffa...

« Je m'étonne fort que la France, qui est une nation très ancienne amie des rois du Dahomey. et cela depuis nombre d'années et jusqu'à ce jour, ait fait une telle chose sans m'avertir.

« Sur ces entrefaites, j'ai capturé huit Européens et j'attendrai que Jean Bayol ait élargi mes autorités pour mettre également en liberté les prisonniers ; et même pour ce qui est de les maltraiter... j'attendrai que Votre Excellence justifie cette façon d'agir de Jean Bayol vis-à-vis de moi.

« J'ai reçu de ce dernier les présents que Votre Excellence m'a envoyés au nom du gouvernement Français ; seulement je regrette qu'étant antique ami de la France, on ne m'ait pas transmis des sentiments de condoléances en ce qui regarde la perte de mon père, vu que les autres nations européennes l'ont fait...

« Que Dieu garde les jours de votre Excellence durant nombre d'années.

« S. M. le roi du Dahomey.
SIGNÉ : BÉHANZIN. [1]

---

[1] Citée par de Salinis, le Protectorat Français sur la Côte des Esclaves, page 388.

En lisant cette lettre qui ne manque pas de sagesse et de bon sens, on croirait que tout va se terminer par des négociations et palabres. Or, telle était la duplicité de Béhanzin, qu'au moment où il envoyait ce document pacifique, il marchait avec son armée contre les Français qu'il comptait surprendre à Porto-Novo.

*
* *

Ce fut la bataille d'Atchoupa, petit village noir à 7 kilomètres de Porto-Novo.

Le colonel Terrillon s'y était avancé en reconnaissance avec 350 tirailleurs armés de fusils Gras et trois pièces de montagne. Il rencontre l'armée dahoméenne forte de 6 à 7000 guerriers ou amazones. Ceux-ci chargent tout-à-coup la colonne « avec une furie qui n'est pas du courage, mais de la démence. »

Les nôtres n'ont que le temps de former le carré avec, au milieu, le colonel et le résident, M. Ballot. Malgré les vociférations, les hurlements de ces sauvages qui, selon leur habitude, avaient été gorgés de liqueurs fortes, ils n'ont pas un instant de faiblesse. Pendant une heure et demie, sans avancer ni reculer, ils repoussent tous les assauts grâce à des feux de salve dirigés par leurs officiers avec calme et sang-froid, les pièces tirant à mitraille.

« Les Dahoméens, désespérant de rompre le carré, le tournent et gagnent la route de Porto-Novo ; ils veulent profiter de leur supériorité numérique pour tenter un coup de main sur la ville et surtout contre le roi Toffa dont ils voudraient rapporter la tête à Béhanzin.[1] »

A cette vue, le carré se déploie et se met en marche vers Porto Novo, s'arrêtant de distance en distance pour foudroyer l'agresseur quand il le serre de trop près, et reprenant ensuite sa marche tranquillement comme à la manœuvre.

Toffa était sauvé une fois de plus. Les Français grâce à leur discipline et à la supériorité de leur armement, avaient échappé au massacre qui les attendait.

Le colonel Terrillon venait d'inscrire une nouvelle page à l'histoire glorieuse de la France. Mais il avait été frappé de la vaillance de ses adversaires.

---

[1] Journal Officiel du Dahomey, 1ᵉʳ Mai 1890.

« Ces gens là se battent bien et ne crai-
gnent pas la mort, écrivait-il au lendemain
de cette victoire ; — Il faudra du monde
beaucoup de monde, un corps expéditionnaire nombreux pour réduire le Dahomey. »

Dans cette affaire, Béhanzin perdit une
grande partie de ses meilleurs guerriers et
amazones. Il en fut, parait-il, très affecté ;
et désormais il évitera de nous attaquer en
terrain découvert, il se réservera pour les
surprises nocturnes.

***

Cependant le commandant Fournier
s'était préoccupé du sort des Français qui
avaient été pris à Whydah par les noirs et
emmenés comme otages à Abomey.

Il avait d'abord envoyé au roi Béhanzin
des messagers pour traiter de l'échange de
nos compatriotes.

Il répondit ensuite à la lettre des captifs,
que nous avons reproduite, en leur donnant
« l'assurance de la sollicitude du gouverne-

ment Français et de son désir de les voir
rendus à la liberté. [1] »

Mais il n'ignorait pas qu'au Dahomey les
palabres sont toujours fort longues, les
noirs n'étant jamais pressés de conclure, et
qu'il serait naïf de se contenter de la voie
diplomatique.

Il résolut donc, tout en se conformant
aux ordres pacifiques reçus du Ministère, de
brusquer le mouvement par une démons-
tration devant Whydah même. Pour cela, il
vint avec le *Sané*, suivi du *Kerguelen*, se
mettre en rapport avec les autorités dahoméennes auxquelles il fit remettre sa réponse aux lettres du roi. Il disait brièvement à
celui-ci que si les otages tardaient d'être
remis en liberté, il ferait parler le canon, et
l'avertissait « qu'il lui laissait la responsabilité des ruines, des morts et des incendies »
qui allaient s'en suivre.

Et il continua sa croisière, laissant le
Kerguelen en rade avec des ordres précis
pour s'assurer de l'efficacité de ses menaces.
Celui-ci fit encadrer la ville de quatre obus
qui, en explosant au grand effroi des habitants, firent comprendre aux autorités de

____

(1) La Campagne du "Sané", loc. cit. page 327.

Whydah, que leurs demeures, bien qu'éloignées de la côte, n'étaient pas à l'abri d'un bombardement[1].

L'effet fut immédiat. Les autorités affolées s'empressèrent d'écrire au roi déjà fort ébranlé par le souvenir récent d'Atchoupa, et lui persuadèrent de céder et de rendre les otages.

Ainsi conseillé, le tyran d'Abomey qui laissait nos huit compatriotes se morfondre dans une oisiveté déprimante et une incertitude voulue, les appela enfin auprès de lui à Kana-Goumé, non loin de la capitale, résidence royale qui était le Versailles dahoméen.

* *

L'entrevue avait été fixée au 1er mai, à trois heures du matin, l'usage voulant au Dahomey que les réunions pour les affaires graves se tiennent la nuit.

Le R. P. Dorgère et ses compagnons quittent Abomey où nous les avons laissés. Ils sont conduits à pied et arrivent à Kana-

---

(1) Whydah comprenait deux parties : Whydah-plage, occupée par les Européens, et Whydah-ville, au Nord-Ouest et détachée de celle-ci.

Goumé quelques heures avant l'audience. Exténués, ils prennent un peu de repos, quand vers minuit, on vient les éveiller subitement ; on leur annonce que le roi va les recevoir.

Ils sortent empressés, désireux d'en finir, après une si longue attente.

On les introduit au palais dont une garde nombreuse surveille l'entrée. Ils doivent franchir plusieurs portes, en se heurtant à des guerriers silencieux et en armes auxquels le Cabécère qui les précède, donne le mot de passe.

Les voilà dans une sorte de cour où Sa Majesté est assise et les attend. Une lanterne éclaire la scène. Le cœur de nos compatriotes leur bat fort ; ils voient de près le terrible monarque ; ils sont émus, que va-t-il se passer ?

Le roi s'est levé, face à eux. C'est un beau nègre, quoique de taille moyenne. La physionomie parait intelligente, le regard est droit et luisant comme un éclair d'acier. Il est habillé simplement, à la façon des guerriers de son pays. Il fume la pipe qu'il garde d'ailleurs à la bouche en parlant.

Tandis que tout l'entourage se prosterne, la face contre terre, les Français sont placés sous des parasols déjà disposés en leur honneur. Et Béhanzin prend la parole. L'interprète Alexandre traduit à voix basse en portugais.

Laissons ici M. Chaudoin raconter cette émouvante entrevue [1].

« On nous présente individuellement au roi, en déclinant nos noms. Il nous demande si nous ne sommes pas fatigués et nous fait offrir à boire. Nous refusons alléguant l'émotion qui nous étreint.

« Puis il nous fait signe de nous asseoir. Quatre chaises sont apportées (pour nous huit) ; nous nous arrangeons de notre mieux, deux à deux, et dans cette situation incommode, nous écoutons.

« Mon père, dit-il, tous mes aïeux et moi
« avons toujours été les amis des Français,
« Depuis plus d'un siècle nos pays trafiquent
« en paix, qui donc a le premier déchaîné la
« guerre et pourquoi ? que la responsabilité
« du sang versé retombe sur la tête de
« celui-là...

« Le roi se tait, nous ne savons que répondre.

---

(1) Récit de M. Chaudoin, loc. cit. Les Ctages.

« Il nous demande alors qui est roi de France ! Nous répondons : CARNOT.

« — Qui est cet homme, nous dit-il, et qu'a-t-il contre moi ? »

Il leur ordonne d'écrire au « roi de France » une lettre qu'il dicte lui-même. Le Père Dorgère écrit.

La lettre est très longue, elle reproduit la plupart des griefs contenus dans celle envoyée déjà à M. le commandant Fournier et que nous avons reproduite. Béhanzin y parle de Toffa qui est son obligé, car c'est son père qui l'a fait roi ; et il l'a trahi. Il promet qu'on aura la paix et qu'on pourra trafiquer, si on lui rend ses Cabécères et sa terre de Kotonou. « Kotonou appartient à mes pères, ajoute-t-il, je ne puis le céder à qui que ce soit, car ce serait un grand malheur pour moi : d'autant plus que, cédant ce territoire, le tonnerre tuerait tous ceux qui l'habiteraient, ce n'est pas possible. [1] »

La lettre finie et au moment de la signer, le P. Dorgère remarque qu'elle est datée de Whydah pour faire croire que les otages sont déjà à la côte. Avec sa perspicacité habituelle, le missionnaire devine le piège

______

[1] Prisonn'ers au Dahomey, d'après les récits du P. Dorgère, loc., cit.

et s'oppose à la fraude. Béhanzin insiste ; malgré le danger, le Père Dorgère refuse de signer : « un blanc dit-il, n'écrit jamais ce que sa tête ne pense pas [1]. »

Devant cette ferme attitude le roi se radoucit, prend la lettre sur laquelle il consent qu'il soit mis la date exacte, et de sa voix solennelle s'écrie :

« Allez, vous êtes libres et sous la pro-
« tection du roi du Dahomey. Malheur à qui
« touchera un cheveu de votre tête. Vous
« pouvez retourner à Whydah, ouvrir vos
« factoreries et continuer votre commerce.
« Mais auparavant recevez mes cadeaux,
« car jamais blanc n'est monté jusqu'à moi
« sans en recevoir. »

Et il leur fait remettre à chacun un pagne en étoffe. On leur en donne aussi d'autres pour M. Carnot, M. Fournier, MM. Régis et Fabre.

Cette entrevue mémorable est terminée. Les Français au comble de la joie reprennent le chemin de Whydah. Ils y arrivent le 6 mai, mais ne savent comment en sortir, car Béhanzin avait mis une restriction à sa générosité : « Vous pourrez retourner à la

____

(1 Les Contemporains. N° 470, loc. cit. (Le Père Dorgère).

côte faire vos affaires, avait-il ajouté, mais les chemins sont fermés et vous ne sortirez du Dahomey que lorsqu'on m'aura rendu ma terre et mes Cabécères. »

Ce n'était donc qu'une demi-délivrance. Heureusement le *Kerguelen* est en rade et le brave officier portugais est là pour les protéger généreusement. Ils feignent une invitation à déjeuner chez ce dernier et se font accompagner à la plage par lui et par ses soldats.

Le tour est joué ; des chaloupes attendent les « rescapés » à la côte et, à la stupéfaction des Cabécères, les Français s'y embarquent. Faisant force de rames ils montent sur le *Kerguelen* remercier leurs sauveurs et se mettre à l'abri du drapeau de la France.

*_*_*

Ils étaient libres, grâce à l'effet salutaire des obus du croiseur, après trois mois de captivité durant lesquels le sang-froid du Père Dorgère ne faiblit jamais.

Au moment du guet-apens, lorsque terrassés par les noirs, les huit Français tout sanglants s'étaient trouvés à la merci de leurs ennemis, c'est lui qui leur avait donné sa bénédiction, après que le P. Van de Paword lui eût demandé l'absolution.

Et durant les longs jours de la captivité, il ne cessa de relever le courage de ses compagnons d'infortune. A Allada, dans leur course, malgré le silence qu'on leur imposait, il avait réussi à leur jeter ces mots : « Courage, amis ! on ne nous tuera pas. Le Dahomey est trop fin pour en venir là ! »

En face de Béhanzin, il avait su déjouer adroitement et courageusement ses sinistres habiletés.

Au fond, Sa Majesté Dahoméenne avait paru ravie du service que le P. Dorgère lui avait rendu en remplissant les fonctions de secrétaire royal.

Mais le missionnaire nous racontait plus tard qu'il s'était, par prudence, bien gardé de lui laisser soupçonner qu'il connaissait la langue du pays. Il aurait pu payer de sa tête une science regardée par le roi et son entourage comme souverainement indiscrète. Avec un flegme imperturbable, il s'était contenté de rendre en bon français, la traduction que l'interprète faisait en langue portugaise qui lui était familière aussi. Mais l'on devine de quelle utilité avait été pour lui cette connaissance de l'idiome des Noirs qui lui avait permis fréquemment et à l'insu de ceux-ci, de découvrir leurs intrigues et le secret de leurs projets.

Et la relation de M. Chaudoin sur cette dramatique captivité se termine par ces ·mots empreints de la plus vive gratitude et du plus pur patriotisme :

« Je ne veux pas finir ces lignes sans vous remercier, vous Père Dorgère, qui nous avez tant aidés dans ces moments difficiles par votre intelligence et votre connaissance du pays ; qui avez été notre appui et notre soutien... Si un jour nous racontons nos souffrances et si notre voix est écoutée, nous dirons bien haut que c'est à vous que nous devons la vie et la liberté ; que c'est à vous et à vos encouragements que nous devons d'avoir pu sans faiblir porter haut et sans tâche le nom et le pavillon de notre pays. Vive la France ! »

CHAPITRE V

Nos démêlés avec le Dahomey

Retour à Agoué. — L'amiral de Cuverville nommé commandant en chef. — Paris veut la paix. — Premières tentatives infructueuses de négociations. — Le R. P. Dorgère est choisi comme négociateur auprès de Béhanzin.

Le retour du R. P. Dorgère à la mission d'Agoué, où il vint se reposer, fut l'occasion de grandes réjouissances de la part de la population chrétienne qui avait eu tant d'inquiétude sur son sort.

Les autorités allèrent le saluer à son débarquement et le féliciter d'être sorti sain et sauf des mains du tyran d'Abomey. Les chefs indigènes vinrent même danser devant sa demeure au son du tam-tam, ce qu'ils ne font qu'aux grandes circonstances. Lui-même se montra fort touché de ces témoignages d'affection et d'attachement.

Et déjà, malgré sa santé encore fort ébranlée, il se préoccupait de reprendre son humble apostolat auprès des petits noirs et reconstituer à Whydah même ses écoles. Mais au milieu de quelles ruines !

« Hélas ! j'ai tout perdu dans ces pénibles évènements, tout, absolument tout ! écrivait-il avec tristesse. Tout ce que j'ai acheté... tout ce que l'Œuvre des Missions et mes amis de Nantes m'avaient donné ; en sorte qu'il ne me reste plus rien... Je ne possède plus qu'une soutane, un chapeau et une paire de souliers... Ma belle mission abandonnée et ruinée, c'est pour moi une source constante d'amers chagrins. »

Le calme d'ailleurs n'était pas revenu et l'état de guerre subsistait toujours entre le Dahomey et la France.

« La campagne n'est plus qu'un amas de ruines, écrit alors un de ses compagnons ; les palmiers sont en partie détruits. Toute la population des champs et les neuf dixièmes de celle de la ville ont fui ; le commerce est pour l'instant ruiné. Quant aux Dahoméens, ils sont désormais parfaitement libres de poursuivre leur œuvre et de faire du royaume de Porto-Novo, ce qu'ils ont fait de tous ceux qui les entouraient : un désert. [1] »

En réalité le gros de l'armée royale s'était

____

(1) Lettre du R. P. Pied, des Missions africaines de Lyon.

retiré au camp de Gomé, à quarante kilomètres au nord de Porto-Novo ; mais des
groupes isolés occupaient encore la campagne et venaient inspirer la terreur jusqu'aux
environs même de cette ville, sans qu'il fût
possible de les poursuivre sérieusement.

La rentrée du R. P. Dorgère à Whydah
dans de pareilles conditions aurait constitué
une folie. Il lui était réservé une besogne
moins modeste quoique aussi dangereuse.

A ce moment, l'amiral de Cuverville [1]
avait remplacé le capitaine de vaisseau
Fournier dans les doubles fonctions de
gouverneur et de commandant de la division
navale de l'Atlantique-Nord. Il vint chercher
le P. Dorgère pour le charger de négocier
un traité avec le roi Béhanzin.

Voici à la suite de quelles circonstances,
le religieux fut appelé à remplir cette délicate
mission et à mettre ses connaissances, son
dévouement et au besoin sa vie au service
de sa Patrie.

Ce récit va nous permettre de donner
quelques aperçus sur l'histoire de la politique coloniale de la France à cette époque.

------

(1) Ancien Chef d'Etat-Major général de la Marine, M. le Vice-
Amiral de Cuverville est aujourd'hui Sénateur du Finistère.

.*.

Le 8 juin 1890, à son passage à Dakar, venant des Antilles, le contre-amiral de Cuverville dont le pavillon était arboré sur le croiseur la *Naïade*, avait trouvé le télégramme suivant qui résumait les intentions du gouvernement français :

« Les vues du gouvernement n'ayant pas varié, vous devez, si à votre arrivée à Kotonou *un traité n'est pas intervenu*, chercher par tous les moyens possibles *à en amener la conclusion.* »

C'était la confirmation des instructions déjà données par le Ministre de la Marine au capitaine de vaisseau Léopold Fournier, le 29 avril précédent :

« Je vous autorise, lui écrivait-il, à entrer en pourparlers, soit directement soit par tels intermédiaires dont l'emploi vous paraîtra de nature à faciliter ces négociations et dont vous pourriez reconnaître pécuniairement les services, pour traiter avec le roi Kon-Dô sur les bases ci-après indiquées :

« Maintien du *statu quo* tel qu'il existe aujourd'hui ; restitution des prisonniers français.

« Si vous reconnaissiez l'impossibilité

d'arriver à une entente dans ces conditions, vous auriez la latitude, pour essayer d'aboutir, de faire les concessions suivantes :

« Transaction sur la question des douanes à Kotonou. *Nous pourrions consentir, soit à remettre au roi, chaque année, une somme une fois fixée comme représentant une partie, à la riqueur la totalité, des recettes de la douane ;* soit même, comme dernière marque de notre désir de conciliation, à lui laisser la faculté de les faire percevoir lui-même par un moyen à définir. [1] »

On le voit, ces instructions se résumaient en quatre mots : traiter plutôt que combattre.

Données au lendemain d'Atchoupa, après que nos soldats avaient échappé par leur héroïsme au massacre qui les menaçait, elles étaient faites pour surprendre, sinon pour décourager la poignée de braves à qui incombait la périlleuse tâche de maintenir ce *statu quo*.

Tous les chefs militaires ou marins avaient exprimé leur conviction qu'une marche en avant à l'aide de quelques renforts

---

[1] Le Protectorat français sur la côte des Esclaves ibid. page 387.

pouvait seule amener la destruction du repaire d'Abomey ; et l'on répondait par une proposition d'achat, à prix d'argent, de la concession des douanes à Kotonou.

Ils conseillaient de répondre à coups de canons aux bravades du monarque dahoméen ; et l'on prescrivait d'envoyer des négociateurs.

Il n'y avait qu'à s'incliner. Comme l'écrira l'Amiral, avec sa loyale franchise, au résident de France, M. Ballot, qui avait courageusement reçu le baptême du feu à Atchoupa et était lui aussi partisan d'une vigoureuse offensive :

« Nous avons tous le devoir d'obéir aux ordres du gouvernement et cela, quelles que puissent être nos idées personnelle. [1] »

C'était le dernier mot de la discipline.

*
* *

L'amiral connaissait bien les affaires du Dahomey ; il avait déjà commandé la division navale, en 1885, alors qu'il était capitaine de

______

[1] La Marine au Dahomey, « la Naïade », loc. cit. page 162.

vaisseau. A cette époque, son intervention avait obligé les Portugais à retirer leur drapeau de Kotonou qu'ils voulaient englober dans leur protectorat éphémère du Dahomey.

Dès son arrivée, il n'avait pas manqué de faire envisager au gouvernement français la nécessité d'en finir avec les difficultés présentes, en préparant « une expédition décisive contre Abomey. » Il avait proposé les plans d'une marche sur la capitale du Dahomey en utilisant le cours du fleuve Ouémé. Ces plans contenaient l'indication des effectifs nécessaires, et l'amiral désignait même le colonel d'infanterie de Marine qui, à son avis, était particulièrement qualifié pour mener l'entreprise à bonne fin. Cet officier supérieur n'était autre que le colonel Dodds, alors commandant supérieur des troupes du Sénégal, auquel devait revenir, deux ans plus tard, l'honneur d'exécuter le projet conçu en 1890 et repoussé alors par le gouvernement. [1]

Celui-ci avait en effet transmis, par le Ministre de la Marine, à l'amiral gou-

____

[1] Le R. P. Dorgère au Dahomey, loc. cit.

verneur une nouvelle communication ainsi conçue :

« Je suis persuadé, Monsieur le Contre-Amiral, que vous emploierez toute votre autorité à poursuivre, suivant le vœu du gouvernement, la conclusion d'un *arrange-ment* ; aucun succès ne saurait vous faire plus d'honneur que la conclusion, par *voie transactionnelle*, de l'incident du Dahomey. »

En somme, les ordres reçus par l'Amiral de Cuverville lui prescrivaient, au milieu du bruit des combats, de faire entendre des paroles de paix. La tâche n'était pas aisée. Il s'y résigna.

Mais il ne pouvait résulter de cette manière d'envisager les choses par le Ministre, qu'une transaction, non un règlement définitif de la question dahoméenne, comme nous le verrons. On s'en aperçut bientôt, car moins de deux ans après, Béhanzin, prenant pour de la faiblesse les très larges concessions que, dans sa loyauté bien connue et dans un esprit de discipline très louable, [1] l'amiral croira devoir lui accorder, recommencera les hostilités contre la France.

---

(1) J. Fonssagrives, administrateur colonial, Notice sur le Dahomey (Exposition universelle de 1900,) Paris, imprimerie Alcan-Lévy, page 73.

*
* *

A ce moment le roi du Dahomey restait bien tranquille. Depuis deux mois il était occupé à rassembler de nouveaux guerriers et à leur apprendre le maniement des armes qu'il venait d'acheter aux Allemands qui, par Whydah, se chargeaient de le ravitailler.

Il avait retenu prisonniers contre tout droit et en violation des lois de l'hospitalité, les envoyés du capitaine de vaisseau Fournier, dont on n'avait plus eu aucune nouvelle.

De son côté, le gouvernement avait mis à la disposition du nouveau commandant en chef, un ancien agent de factorerie appelé Siciliano, très connu de Béhanzin et dont on escomptait les bonnes relations avec celui-ci pour obtenir la conclusion de l'arrangement projeté.

Le choix de ce diplomate n'était pas heureux. Car cet envoyé de M. de Freycinet avait été impliqué à Lagos dans des affaires d'argent et avait eu à Whydah des démêlés avec les autorités. Il était aussi peu estimé par les blancs que par les noirs qui, malgré leurs mœurs féroces, savent honorer la vertu et n'acceptent pas pour messagers des gens d'ordre inférieur.

L'amiral, qui se méfiait non sans raison du tyran d'Abomey et se souciait peu d'accroître le nombre des prisonniers que celui-ci multipliait dans sa capitale, l'empêcha heureusement de se livrer à la discrétion d'un monarque aussi peu scrupuleux. Il lui laissa toutefois pleine liberté de communiquer avec Béhanzin à l'aide de messagers portant le « bâton », signe de sa mission.

Mais les correspondances tournèrent à l'aigre par suite de la trahison des intermédiaires, et les tentatives de cet agent n'aboutirent qu'à un échec.

Aussi, lorsque plus tard, Béhanzin renverra à l'amiral le bâton de Siciliano en l'avertissant « *qu'il a passé un mois en prison à la place de son propriétaire* », le commandant en chef n'en sera pas autrement surpris. [1]

L'amiral de Cuverville qui connaissait toutes les difficultés de la situation, comprenait que le choix d'un envoyé pouvant en imposer à Abomey, était fort délicat. Et

---

[1] La Marine au Dahomey. La « Naïade » loc. cit. page 43.

M. Siciliano ne remplissait pas les conditions.

*
* *

Pendant ce temps, l'alliée de Béhanzin, la fièvre creusait dans les rangs de nos soldats, débilités par les veilles et les alertes, des vides inquiétants. Le service de nuit, absolument nécessaire en prévision des attaques nocturnes préférées des Dahoméens, occasionnait un surcroit de fatigues auquel vinrent se joindre des pluies torrentielles qui inondèrent les cantonnements improvisés.

Il fallait en finir. L'amiral apprenait que les derniers engagements avaient fort impressionné les Dahoméens. Dans l'entourage du roi, les esprits étaient, parait-il, très divisés ; les partisans de la paix y étaient nombreux et influents. [1]

D'autre part, le roi avait essayé de contracter alliance avec les Mahis contre nous, mais avait échoué dans ses démarches et semblait plus disposé à prêter l'oreille à des propositions pacifiques. [2]

---

(1) Le R. P. Dorgère au Dahomey, loc. cit.
(2) Notice sur le Dahomey, par J. Fonssagrives, loc. cit. page 47.

Le moment parut favorable au commandant en chef pour réaliser les vues du Gouvernement. Et, puisque Paris ne voulait que la paix, il s'appliqua à trouver un négociateur habile, un homme de caractère digne de représenter la France et aussi environné d'un certain prestige aux yeux des indigènes, un homme de confiance qui connût la langue et les usages du pays, un homme de dévouement aussi, car on jouait sa tête en cette aventure. [1]

Après mûres réflexions, l'amiral se dit : « Je ne connais qu'un homme capable de remplir la mission dangereuse d'aller traiter avec Béhanzin, c'est le Père Dorgère. »

Celui-ci jouissait au Dahomey d'une influence incontestée ; chacun vantait sa charité et son indomptable énergie. Il était au courant de la langue et des usages et, de plus, selon les propres paroles de l'amiral, « il portait, aux yeux mêmes des barbares la triple auréole du sacerdoce, de la vertu et du courage. »

L'amiral fondait donc de grandes espérances sur la collaboration du vaillant missionnaire, à qui il avait déjà confié l'emploi

---

[1] Le R. P. Dorgère au Dahomey, ibid.

d'aumônier provisoire du corps expédition-naire, afin de l'avoir sous la main.

Il avait signalé son choix au Ministre par une dépêche ainsi conçue :

« Le Père Dorgère, otage dont la coura-geuse attitude a vivement frappé le roi qui s'en est servi comme secrétaire, est mis à ma disposition. Son concours pour négocia-tions, comme pour assister malades à Kotonou et relever moral troupes, peut être précieux. Demande liberté action sur ce point. » Le ministre répondit dès le lende-main en faisant connaître son assentiment.

De son côté, dès qu'il apprit que l'amiral faisait appel à son dévouement, à son patriotisme, le P. Dorgère n'hésita pas un instant. Quel meilleur témoignage que la lettre suivante adressée à ce moment par le supérieur de la Mission de Porto-Novo au R. P. Planque, Supérieur-Général des Mis-sions Africaines à Lyon :

« *Porto-Novo, le 23 juillet 1890.*

« La semaine dernière, je reçus un billet du Père Dorgère me priant de lui envoyer un remplaçant à Kotonou.

« L'amiral, faisant appel à ses sentiments de prêtre et de Français, l'avait chargé d'une mission difficile et même périlleuse, pour le Dahomey. Quel est le but précis de cette mission ? Sans doute tenter un dernier effort auprès de Béhanzin qui, depuis plus de deux mois, retient Bernardin Durand dont on n'a pas de nouvelles...

« La mission du Père Dorgère sera décisive, car les conditions de l'amiral doivent être claires...

« Je crains que le roi du Dahomey, voyant les blancs décidés à aller de l'avant, ne garde le Père en otage. L'amiral savait à qui il s'adressait. Ce qu'il n'aurait obtenu de personne, il n'a eu qu'à le proposer à un missionnaire pour que celui-ci l'acceptât.

« Le gouvernement doit voir que nous sommes prêts à payer de notre personne pour l'aider à accomplir son œuvre... Le Père Dorgère a fait généreusement le sacrifice de sa vie ; il n'y a pas un d'entre nous qui ne soit prêt à en faire autant pour Dieu et pour la France. [1] »

____

(1) Cf. La Marine au Dahomey, « la Naïade », ibid, page 67.

**

D'après les instructions qui lui furent remises, le missionnaire devait faire connaître et comprendre au roi Béhanzin, la ferme volonté de la France d'assurer l'exécution des traités, et réclamer l'élargissement des messagers si longtemps détenus à Abomey.

Son rôle lui fut tracé par l'amiral avec une netteté et une fermeté qui indiquaient de la part de ce dernier une parfaite compréhension de ses devoirs et de ce qu'exigeaient les droits de la France.

Tous les détails de son ambassade ayant été réglés avec soin, l'amiral de Cuverville lui remit la lettre suivante :

NAÏADE-KOTONOU, le 4 Juillet 1890.

Le contre-amiral, commandant en chef,
au R. P. Dorgère, des Missions
Africaines de Lyon.

« Mon Révérend Père,

« Avec l'autorisation de vos supérieurs ecclésiastiques, vous avez bien voulu accepter la difficile mission de vous rendre auprès du roi du Dahomey pour lui faire connaître mon arrivée sur cette côte et les instructions que j'ai reçues de notre gouvernement.

Je vous en remercie ; je n'attendais pas moins du religieux qui, pendant une captivité douloureuse, a su relever le moral de ses compagnons d'infortune et inspirer à tous respect et admiration.

« Au cours de ce nouveau et pénible voyage, vous serez protégé non seulement par le *symbole* dont je vous fais porteur, mais aussi par la robe du prêtre toujours respectée en ce pays dont les sanglantes coutumes tirent leur origine d'un sens religieux dévoyé.

« La lettre dont vous êtes chargé pour le roi, expose les vues de la France en termes clairs et précis. Avant de poursuivre les hostilités, je désire écarter tout malentendu et c'est l'objectif que j'assigne à vos efforts, ainsi qu'à votre dévouement.

« Les traités de 1868 et de 1878 nous confèrent à Kotonou des droits que nous entendons maintenir et exercer ; la correspondance que vous trouverez jointe à cette lettre, ne laisse aucun doute sur la validité des engagements consentis par le roi Glé-Glé. Nous ne refusons pas cependant d'accorder au roi les compensations légitimes auxquelles il pourrait prétendre par suite de l'abandon de cette portion de son territoire.

« Nous exerçons à Porto-Novo un protectorat dont les indigènes ne comprennent ni le sens ni les obligations ; la partie la plus difficile de votre tâche sera de les leur expliquer. L'honneur de notre pays est désormais engagé au maintien de ce protectorat, et nous sommes tenus de repousser par la force toute entreprise dirigée contre des populations d'ailleurs inoffensives qui ont renoncé aux sacrifices humains pour se rapprocher de notre civilisation.

« Sur ces deux points, Kotonou et Porto-Novo, aucune transaction n'est possible.

« Enfin nous possédons à Whydah, depuis plus de deux siècles, une situation privilégiée dont le *Fort Français* est le témoignage ; cette situation doit être maintenue, et le fort sera occupé par une force française que fixera le gouvernement comme garantie de la levée du blocus et de la reprise des affaires.

« Si le roi, convaincu de nos intentions amicales veut reprendre avec nous les traditions du passé, il souscrira avec empressement aux clauses que je viens de résumer ; il vous fera accompagner au retour par un représentant ayant autorité pour les faire exécuter sans retard. S'il refuse, la France saura ce qu'elle a à faire.

« Dans tous les cas, après le délai convenu, si vous n'êtes pas de retour, je vous considèrerai comme prisonnier du roi et, avec les forces dont je dispose, j'agirai en conséquence.

« Nous sommes, depuis le 31 mai, sans nouvelles des messagers qui ont été envoyés au roi Béhanzin, par le commandant Fournier ; je vous serai reconnaissant de vous informer de ce qu'ils sont devenus ; vous devrez les ramener avec vous. »

« Veuillez agréer, etc.

« CAVELIER DE CUVERVILLE. »

Le symbole auquel l'amiral faisait allusion, qui devait protéger le Père Dorgère pendant son ambassade et l'accréditer auprès des autorités dahoméennes, était, suivant l'usage du pays, un bâton. Pour la circonstance, on avait pris la hallebarde du factionnaire des appartements de l'amiral, à bord de la *Naïade*, et on l'avait ornée d'un pavillon de commandement. Le roi Béhan·zin admira beaucoup ce bâton et fit, paraît-il, remarquer que c'était là un spécimen des anciennes armes, ce qui montre qu'il n'était pas aussi ignorant qu'on pourrait le supposer.

*
* *

La lettre destinée à Sa Majesté Dahoméenne et remise au Père Dorgère, était ainsi conçue :

« Roi Béhanzin Aby-Djéré

« Appelé par le gouvernement français au commandement des forces de terre et de mer stationnées dans ces parages que je connais de longue date, ainsi qu'à la direction des affaires politiques, je désire avant de poursuivre les hostilités connaître vos griefs, ainsi que l'origine des difficultés pendantes. Je veux éclaircir les malentendus s'il en existe, et concourir au rétablissement des relations d'amitié séculaires qui existaient entre la France et le Dahomey.

« Tel est l'objet de la mission que je confie au Révérend Père Dorgère. Vous connaissez ce religieux

qui a tout sacrifié, famille, pays pour se donner à
vous. Il appartient à cette Société des Missions africaines de Lyon qui se consacre avec un dévouement
admirable au bien de votre peuple. Le caractère
dont il est revêtu et le symbole dont il est porteur,
me garantissent qu'il parviendra en toute sécurité
jusqu'à vous. Mais je dois vous déclarer que, s'il
n'était pas de retour à Kotonou dans les délais qu'il
a lui-même fixés, je considèrerais que vous l'avez
fait prisonnier, et j'agirais en conséquence avec les
forces dont je dispose.

« Puisse votre réponse à ce dernier message
s'inspirer de mon désir très sincère d'éviter une
guerre dont l'issue n'est pas douteuse, et de rétablir
entre la France et le Dahomey les relations amicales
du passé.

« Le fondé de pouvoirs dont vous ferez accompagner le Père Dorgère à son retour sera rejoint à
Whydah par les représentants auxquels je donnerai
les instructions voulues pour la conclusion d'un
arrangement définitif ».

Veuillez agréer..., etc.

« Cavelier de CUVERVILLE ».

La précaution la plus sérieuse était à
prendre du côté de Whydah, auprès de
l'intermédiaire indispensable entre la France
et Sa Majesté Béhanzin, le *Yevoghan*, celui-là
même qui avait fait arrêter les otages et les

avait traités avec la cruauté que nous avons racontée.

La ville et tout son territoire étaient soumis à sa juridiction. Car Whydah était administrée par un conseil de chefs dahoméens dénommés *Agorigans* qui ressemblait assez à un conseil municipal. Il siégeait à la *Gore* et était présidé par le Yévoghan.

Ces chefs échappaient un peu à l'autorité du roi au nom duquel on les voyait prendre les décisions les plus arbitraires et à qui ils dissimulaient généralement ceux des évènements qui pouvaient le contrarier. Leur respect pour le monarque était tout extérieur. Au fond, ils ne tenaient pas toujours compte de ses ordres et n'avaient qu'une crainte, celle de se voir pris en faute par lui. Ils étaient très écoutés du peuple habitué à obéir.

Les autorités dahoméennes, rendaient la justice et représentaient directement le roi. Elles étaient secondées par les *décimères* sorte de douaniers installés dans des huttes le long de la côte et sur tous les chemins qui conduisaient de Whydah-Plage à Whydah-Ville distantes l'une de l'autre d'environ six kilomètres. Les décimères percevaient des droits en nature sur tous les produits qui entraient et sur certains de ceux qui sortaient. [1]

Ils étaient en outre chargés de la police. En sorte que, si vous sortiez de la ville pour aller vous promener ou chasser, vous étiez surveillé le plus souvent sans vous en apercevoir. Et si vous tentiez de vous éloigner du Dahomey, les décimères s'avançaient vers vous et vous disaient que les chemins étaient fermés pour les blancs, et malheur à vous si vous persistiez à forcer la consigne sans présenter le laisser-passer ou « petit bâton » accordé par le Yévoghan.

C'est celui-ci qui donnait aux Européens qui lui en faisaient la demande, l'autorisation d'entrer au Dahomey ou d'en sortir. On appelait cela « ouvrir les chemins. »

Ce grand chef était donc un personnage considérable. L'amiral lui écrivit une lettre menaçante, le priant « d'inviter le Père Dorgère à renoncer à sa mission, s'il prévoyait qu'il serait retenu prisonnier et lui déclarant, en outre, que si cette éventualité se produisait, le bombardement de Whydah serait immédiatement repris ». [2]

(1) Chaudoin, loc. cit. page 101.
(2) La « Naïade, » ibid, page 71.

On verra que ce haut fonctionnaire tiendra compte, par prudence, de cet avertissement significatif.

*
* *

En somme, le missionnaire-ambassadeur n'allait pas « implorer la paix, » comme certains pamphlétaires l'ont insinué plus tard. Il allait exposer à Béhanzin la ferme résolution prise par la France de maintenir sur Porto-Novo le protectorat qu'il paraissait tant redouter; mettre ce dernier en demeure de s'expliquer sur la question de Kotonou dont il persistait à nous contester l'entière propriété, malgré le traité signé par son père, le roi Glé-Glé; sonder le monarque relativement à notre fortin de Whydah que nous avions eu le tort de laisser sans garnison depuis 1797. Ce fort était alors occupé par la maison de commerce C. Fabre et Cie, continuée par Mantes frères et Borelli de Régis, à qui le gouvernement l'avait loué moyennant une redevance annuelle de cinq francs, à charge d'entretien, condition qui n'avait pas été observée à la lettre.

Enfin le but de l'ambassade était encore

la mise en liberté immédiate de M. Bernardin Durand, des sept personnes de sa suite et des employés de factoreries saisis à Whydah par ordre du roi. Des bruits sinistres circulaient sur le compte de ces malheureux, depuis qu'on n'en avait plus de nouvelles. On disait que Bernardin avait eu les oreilles coupées, ce qui heureusement ne fut pas confirmé.

Ainsi documenté sur le rôle patriotique qu'il avait à remplir, le Père Dorgère fit immédiatement ses préparatifs de départ.

CHAPITRE VI

L'Ambassade auprès de Béhanzin

Réception à Whydah. — Intrigues des autorités Dahoméennes. — Fermeté du P. Dorgère. — Le « bâton » du roi. — Départ pour Abomey. -- Voyage triomphal.

Il y avait une grande audace et un vrai courage de la part du R. P. Dorgère, à aller seul dans la capitale du Dahomey, pour se présenter devant le roi Béhanzin et discuter avec lui au sujet de droits dont il était si jaloux, pour lui faire entendre des réclamations auxquelles il ne demandait qu'à rester sourd.

Le danger n'était pas moins grand du côté des autorités de la ville de Whydah. N'allaient-elles pas se souvenir de cette fameuse invitation à dîner au fort portugais qui avait facilité l'évasion des ôtages lors de leur retour d'Abomey ? L'occasion était bonne pour se venger sur la personne du missionnaire de la déconvenue qu'elles avaient subie et dont le terrible monarque leur avait peut-être fait supporter la responsabilité.

Le P. Dorgère réfléchissait à tout cela et comprenait la gravité de sa démarche. Il savait qu'il courrait un grand péril en allant se livrer à la merci des barbares noirs. Mais il avait fait généreusement le sacrifice de sa vie pour la France et il se promettait bien d'employer toute son énergie, toutes ses connaissances, au succès de la mission dont l'importance ne lui échappait pas.

Il partit en pirogue d'Agoué le 23 juillet 1890.

C'est à l'enseigne de vaisseau Le Conte que fut confié le soin d'accompagner le missionnaire depuis Agoué jusqu'à la frontière Dahoméenne.

« Je vais au Dahomey, dit le Père au jeune officier, je ne sais quel sera le succès de mon entreprise. La lettre du Yévoghan de Whydah m'assure une entrevue avec le roi, mais je ne sais pas trop quelle confiance je dois avoir dans les autorités de Whydah. Si l'on a voulu me tendre un piège, il est fort probable qu'on cherchera à m'assassiner avant Adjadénou. Cela permettra au roi de se disculper facilement, en disant que j'ai été tué sur le territoire du protectorat français et qu'il n'est pour rien dans ma mort. »

Contrairement à ses prévisions, il franchit sans encombre la zône dangereuse et non surveillée qui sépare Grand-Popo de Whydah.

Désireux de donner de ses nouvelles le plus tôt possible et de faire connaître la manière dont on l'aurait reçu à Whydah, il avait prévu l'envoi d'une personne de confiance, à Agoué, pour y chercher une lettre volontairement oubliée.

« J'espère, avait-il ajouté, que cette personne sera un enfant de la Mission de Whydah, sur lequel je puisse compter. Je lui remettrai, peut-être à son insu, une lettre contenant des renseignements sur la façon dont j'aurai été reçu. Qu'on interroge et qu'on fouille cet enfant. »

Il avait même prévu le moyen de correspondre secrètement avec l'amiral de Cuverville.

« Je tenterai d'adresser à l'amiral des lettres dont le texte français sera écrit en caractères grecs. Entre les lignes de mes lettres officielles, j'écrirai probablement avec du jus de citron. Les caractères paraîtront en présentant le papier à la chaleur. »

Son retour avait été fixé au 30 Septembre suivant. En se séparant de l'officier qui l'avait accompagné, il lui dit :

« Répétez bien ceci à l'amiral :

« Si le 30 Septembre je ne suis pas à Whydah ou à Grand-Popo, il peut me considérer comme prisonnier ou tué, et alors qu'il agisse sans tenir compte de moi.

« Si je reviens d'Abomey, je rapporterai la paix et ce ne sera pas une paix boîteuse, sinon je succomberai à la tâche, mais mon devoir sera accompli [1]. »

*
*

Pendant ce temps, la *Naïade* était venue mouiller devant Whydah afin de favoriser, par la présence du pavillon national, l'am-

___

[1] Cf. P. A. de Salinis. La Marine au Dahomey, page 74.

bassade du courageux missionnaire. C'était une manœuvre habile. Les autorités ne pouvaient manquer d'être pénétrées d'un profond respect envers un négociateur protégé par les canons dont la ville avait déjà expérimenté la précision et la puissance.

Aussi le P. Dorgère fut-il reçu avec les plus grands honneurs. La population qui désirait la paix, lui fit un accueil des plus sympathiques. Ce fut d'un bon augure et le prélude d'un voyage des plus intéressants.

Il logea dans les bâtiments de la Mission catholique qui, depuis le commencement de l'état de guerre, se trouvaient fermés et assez convenablement préservés des pillards grâce aux ordres donnés par le Yévoghan.

Il rendit compte, le 29, à l'amiral par la lettre suivante :

« J'ai été très bien accueilli par les autorités dahoméennes. Le neveu du roi, Zizi-Dogué est venu avec sa troupe et sa musique faire le tour de la mission catholique en dansant, puis il s'est mis à genoux dans la cour ainsi que tous les *Agorigans* pour me lire le *Ecade* (message) du roi.

Voici la teneur de ce document :

« Le roi du Dahomey a été heureux
« d'apprendre que l'amiral vous avait choisi
« pour venir traiter les questions en litige.
« Il vous connait et n'a jamais douté de
« votre parole. Votre présence ici le prouve ;
« voilà pourquoi il a ordonné à ses chefs
« et à son peuple de vous recevoir avec
« tous les honneurs qui vous ont été
« rendus.

« De plus comme vous êtes son hôte, il
« envoie pour votre table quatre cabris, deux
« moutons et des poules, et, comme votre
« temps est limité, il vous attend dans le
« plus bref délai... »

« Le Cabécère est alors entré dans la
Mission et nous avons « pris » votre santé,
Monsieur l'Amiral, puis celle du roi, la
mienne, et enfin nous avons bu à l'amitié
qui a toujours régné entre la France et le
Dahomey et au succès de ma mission.

« Hier plus de quatre cents personnes
sont venues me visiter. Du matin jusqu'au
soir la Mission est complètement remplie
de monde. La ville, qui était déserte avant
mon arrivée, est absolument pleine comme
au temps de la paix. »

*
* *

Cependant un différend assez grave s'éleva entre le P. Dorgère et le *Cussugan*, ou substitut du Yévoghan qui était comme nous l'avons dit, la première autorité de Whydah.

Ce fonctionnaire s'était permis de retenir chez lui une lettre que le commandant de l'aviso le *Goéland*, qui avait remplacé la *Naïade* en rade, adressait au missionnaire. Les intrigues des Cabécères, très redoutables en ce pays, commençaient toujours ainsi : on interceptait vos lettres.

Le P. Dorgère, dès qu'il fut mis au courant, s'éleva contre ce procédé par une protestation énergique.

Il fit dire au Cussugan qu'il tenait absolument à ce que toutes les lettres venant du bord lui fussent envoyées sans retard, lui déclarant qu'il ne voulait être soumis à aucune méfiance de sa part et que, s'il s'apercevait qu'une lettre eût été ouverte, il ne la recevrait pas, dût-il par cet acte provoquer la guerre.

Le Cussugan se le tint pour dit ; il fit

faire aussitôt toutes les excuses possibles au missionnaire. Il y avait eu, paraît-il, erreur. [1]

* *
*

L'envoyé de la France fut reçu le 30 juillet, par les autorités de Whydah, à la porte de la grande *Gore* qui avait été témoin des actes de cruauté que nous avons racontés.

Il y entra au bruit assourdissant d'une musique nègre composée de tams-tams, de flûtes en roseaux et de clochettes en fer et en présence de soldats noirs assemblés sous les armes en son honneur. Le peuple faisait la haie et continuait à manifester bruyamment sa joie en faveur de la paix.

Il s'agissait de recevoir le « bâton du roi » qui devait accompagner le Père jusqu'à la capitale et sans lequel aucun Européen ne pouvait se rendre à Abomey.

Il convient de donner ici quelques explications sur cet objet d'une utilité pratique considérable en ce pays.

---

(1) Le R. P. Dorgère au Dahomey (Extrait de l'Ami du Drapeau) loc. cit. page 8.

Le « bâton royal » était, au Dahomey, la signification visible de la confiance du souverain. Il représentait le roi ; le peuple s'inclinait devant lui comme devant le monarque lui-même. C'était une sorte de passe-partout qui assurait au voyageur respect et sécurité. Et le plus grand honneur que pût vous faire le roi, c'était de vous envoyer son « bâton », ce qui signifiait : « Vous pouvez circuler librement dans tout le pays, vous pouvez même venir jusqu'à moi. »

Le plus souvent, c'était une canne ordinaire, sans aucune élégance ; d'autres fois il était garni d'une pomme argentée, d'un morceau de fer ou de cuivre ouvré, même d'une boule en ivoire.

Toutes les maisons de commerce européennes possédaient leur « bâton » qui les représentait dans leurs rapports avec le roi et les autorités.

Les missions religieuses avaient aussi le leur. Celui de la Mission catholique de Whydah était un petit bâton en ébène surmonté d'une boule en ivoire portant une croix. [1]

____

(1) Chaudoin. Trois mois de Captivité au Dahomey, loc. cit. page 369.

*
* *

Le soir de cette réception solennelle à la Gore, le missionnaire recevait les dernières instructions de l'Amiral de Cuverville· Celui ci lui faisait savoir qu'il ne ratifiait pas, pour le retour, la date du 30 Septembre qui lui paraissait beaucoup trop éloignée. Il fixait au 1er Septembre le dernier délai. Ce délai passé, les hostilites seraient reprises. Il avertissait aussi le Yévoghan de cette décision en le priant d'en informer le roi.

Le P. Dorgère répondait aussitôt à l'amiral :

« J'ai été reçu par le Cussugan. J'ai profité de cette occasion pour lui montrer à nouveau qu'une politique toute de mensonges ne pouvait amener aucun résultat sérieux ; que je comptais beaucoup sur lui pour m'accompagner à Abomey ; que, homme intelligent comme il était et fait aux usages des blancs, il devait comprendre mes raisons ; qu'il était parfaitement inutile de trafiquer de ma tète, attendu que, suivant une formule du pays, « *je l'avais remise au roi de France* » ; enfin que cette tête était de peu d'importance ; que cependant le jour où elle tomberait, nombre de pères, de mères et d'enfants verseraient des larmes pour toute leur vie. »

Aussi n'eut il aucune peine à déjouer de nouvelles intrigues qui se formaient contre sa personne. Celles-ci venaient d'un nommé Carvalho, mulâtre brésilien et courtier du roi pour la vente des esclaves, personnage méprisable entre tous qui arrivait en ce moment de la capitale. C'était l'ami de Candido Rodriguez, l'homme de toutes les trahisons, et il était permis de se demander ce qui l'amenait à Whydah. Le P. Dorgère feignit de ne pas s'en inquiéter, et se tint à l'écart de l'un et de l'autre.

*
* *

Le départ pour Abomey fut fixé au samedi, 2 août.

La veille une imposante cérémonie eut lieu dans la petite église de la Mission rouverte pour la circonstance et où le courageux missionnaire se retrouvait non sans émotion. Il lui semblait maintenant entrevoir le jour de la réouverture complète et cette pensée le remplissait de joie.

Les chrétiens rassurés se rendirent en foule à cet office religieux.

Et le lendemain, à cinq heures de l'après-midi, il partait pour la capitale, accompagné du Cussugan, de Zizi-Dogué et d'une escorte de soldats noirs.

Il reprenait le chemin que, quatre mois auparavant, il avait suivi avec les otages, la corde au cou et à moitié nu.

Ce second voyage se présentant d'une façon moins tragique, lui permit de faire d'intéressantes constatations, d'observer les régions traversées et de noter les incidents de la route Il en gardera un souvenir inoubliable et, plus tard, il se plaira à nous raconter bien des détails fort curieux sur cette pittoresque course en hamacs durant laquelle les chefs de l'escorte se confondaient pour lui en attentions et prévenances.

Nous allons en faire le récit aussi fidèle que possible. Mais il nous faut d'abord donner quelques explications sur les moyens de transport en usage dans le royaume de Béhanzin.

Au Dahomey, les seuls moyens de locomotion connus sont le hamac, si on voyage en terre ferme, et la pirogue si on voyage par lagune. [1]

La pirogue, formée d'un tronc d'arbre creusé, est trop connue pour que nous nous arrêtions à la décrire.

Il n'en est pas de même du hamac qui est un des côtés originaux de ce pays.

Le hamac est en coton très solide, orné quelquefois de franges en couleur. Il est solidement amarré à cinquante centimètres des extrémités d'une perche que domine une petite tente retenue par deux cordons et destinée à protéger le voyageur contre les ardeurs du soleil.

Le hamac est porté par quatre, six ou huit noirs, selon la durée du voyage.

On peut s'y tenir couché ou assis, les jambes ballantes. Dès qu'on est installé les porteurs le soulèvent, placent l'extrémité du bambou sur leur tête et se mettent en marche à une vive allure, en chantant des complaintes du pays. Il sont ordinairement assez adroits pour vous éviter toute chute.

_____

(1) Depuis la conquête, une ligne de chemin de fer a été établie de Whydah à Abomey avec prolongement projeté jusqu'au Niger.

*
* *

Le R. P. Dorgère, sitôt assis dans le hamac qu'avaient saisi quatre vigoureux noirs, avait donné le signal du départ. Derrière lui venaient les hamacs de Cussugan et de Zizi-Dogué, l'escorte et, de plus, un certain nombre de parasites qui, au Dahomey, font toujours cortège aux gens de qualité : féticheurs, domestiques, esclaves et curieux. Tout ce monde suivait, pieds nus, comme par habitude, prétextant honorer la marche du blanc, mais en réalité pour le surveiller, pour s'assurer surtout qu'il ne se servait d'aucun appareil photographique, instrument sévèrement prohibé dans tout le royaume. [1]

La caravane, en file indienne, s'avançait dans l'intérieur, sur la route d'Abomey.

Par le mot « route », n'allez pas entendre quelque chose de pareil aux larges rubans, bien empierrés, qui ont fait la réputation de l'administration de nos Ponts et Chaussées. Non, la route dont il s'agit, ne consiste

---

[1] Au Dahomey, par A. d'Albéca, administrateur Colonial. (Tour du monde, 1894, page 75).

qu'en une piste tracée sur le sol et dans les touffes d'herbes d'une façon fort primitive. Et ce chemin étroit que bordent des arbres séculaires dressant leur cîme superbe au milieu d'un fouillis inextricable de lianes,de pousses et de plantes arborescentes, se déroule durant une longueur désespérante. Depuis Whydah et la campagne environnante qui seule est cultivée, on parcourt ainsi plus de 50 kilomètres de forêt impénétrable où l'on ne peut même pas s'avancer deux ou trois personnes de front.

La marche sous un soleil dont les rayons sont le plus souvent tamisés par le feuillage, n'est pas fatigante. Elle n'est pas non plus dépourvue de charme. Car les sous-bois, aux lianes entrelacées, sont merveilleux à contempler. Troublés dans leur retraite par le bruit des voyageurs et le chant infatigable des noirs, mille oiseaux aux couleurs les plus variées animent le paysage.

Mais la culture est presque nulle dans cette partie du Dahomey, et quelques rares villages apparaissent seulement de loin en loin, servant pour ainsi dire de relais. On traverse ainsi Savi, Tori, Azohé.

Partout la caravane est fort bien reçue.

On comprend que des ordres supérieurs ont été donnés pour que le meilleur accueil soit réservé à l'envoyé français. Les chefs viennent au-devant du missionnaire et font même parler la poudre en son honneur. Après l'offre traditionnelle de l'eau accompagnée d'une liqueur quelconque, ils déposent des provisions en guise de cadeaux.

A Allada, repos de quelques heures. Sur une petite place, le religieux observe quatre canons de deux mètres de long, à la lumière tellement agrandie qu'ils doivent être impuissants à lancer un seul des boulets dont il remarque çà et là les piles en formes de pyramides. Ces canons ne servent, parait-il, qu'aux réjouissances royales. Le camp militaire est à peu près vide de soldats.

Le cortège reprend sa marche et, le lendemain, parvient au village de Danou, où le spectacle commence à changer.

Après Egpé, le terrain devient très accidenté. On traverse la première *lama* ou zône stérile, hérissée d'obstacles naturels, qui sert de défense avancée à la capitale du Dahomey. Cette région, large d'une dizaine de kilomètres, comprend une sorte de repli de terrain qui, au moment des pluies, se trouve facilement inondé et transformé en un immense marécage.

Le chemin est tortueux, escarpé, très dur à la marche. Çà et là l'on rencontre des postes de guerriers qui surveilllent les différents passages.

Les voyageurs accélèrent leur marche, car ils ont hâte de s'éloigner de cette région aride où l'air est malsain et le soleil moins supportable.

A la nuit, ils traversent la seconde *lama* où ils se heurtent à de nouveaux postes de guerriers et à des sentinelles qui veillent autour des feux de bivouacs. « Décidément, se dit le P. Dorgère, ce pays est bien gardé. »

Le chemin est de plus en plus difficile ; on rencontre de grosses mottes de terre dures comme de la pierre ; les porteurs, haletants, trébuchent à chaque obstacle ; la lueur des torches se réflète sur leur dos tout fumant de sueur.

Le P. Dorgère décide de mettre pied à terre et de faire cette partie du trajet à pied, ce pendant que son oreille est charmée par un son de corne militaire doux et modulé qui se répète au loin et retient longuement son attention. Ces effets de trompe fournis par la ligne des sentinelles, dans le silence de la nuit, sont des plus impressionnants.

Après les *lamas*, l'aspect devient merveilleux et la végétation luxuriante.

La région est légèrement bossuée et, autour de mamelons aux formes arrondies serpentent capricieusement des ruisseaux et des rivières qui vont se déverser dans le fleuve Ouémé. Le religieux le devine du moins à l'orientation de la vallée qui court franchement de l'Ouest à l'Est vers le bassin de ce fleuve de Porto-Novo.

C'est la partie la plus fertile du Dahomey, la région cultivée que traverse durant plus de trente kilomètres une route spacieuse et bien entretenue jusqu'à la capitale.

Là séjournent les Nagots, cultivateurs paisibles mais fort paresseux et ignorants. Car les Dahoméens, comme toutes les peuplades africaines, sont bien peu agriculteurs.

N'ayant aucune idée de la charrue et du labour au moyen des bœufs, ils se contentent de gratter la terre avec une toute petite bêche, courte et des plus rudimentaires. Le terrain étant ainsi préparé, ils sèment ; le soleil et la nature sont chargés du reste.

Mais voici une maison fétiche, sur le bord de la route. Tous les noirs s'arrêtent. Par condescendance pour les usages du pays, le Père met pied à terre. On arrive aux premières maisons de Kana, la ville sainte du Dahomey.

Kana est une cité importante (10 à 15000 habitants) divisée en quartiers ou *Salams* avec jardins. Les maisons y sont en partie construites en pierres ou plutôt avec de petits cailloux. Les habitants en usent pour consolider la *bane* avec laquelle ils élèvent les murailles. La bane est le nom donné à la terre rouge du pays ; quand elle a été mouillée et qu'elle a fermenté suffisamment, elle est bonne à bâtir.

*
* *

Le Cabécère Imaro commandait à Kana ; il connaissait le P. Dorgère. Il vient au-devant

de lui avec ses soldats et lui fait une réception enthousiaste au son du tam-tam et en
faisant tirer en son honneur des centaines
de coups de fusil.

Le missionnaire s'arrête pour donner
aux hamaquaires un repos bien gagné. Il
visite la ville.

Il admire plusieurs petits palais, aux
toitures en dentelles de bambous qui sont
de véritables chefs-d'œuvre de patience.

A Kana se trouvait le fameux *Temple des
sacrifices humains* formé d'une grande case
pavée de crânes. Le funèbre décor que ce monument sinistre offre à la vue du religieux,
glace celui-ci d'horreur et lui inspire de tristes
réflexions. De son âme attristée monte une
prière vers Dieu et l'ardent désir de voir
un jour prochain la civilisation chrétienne
pénétrer jusque là. [1]

Mais Imaro entend fêter son hôte.

Selon la mode dahoméenne, ce Cabécère
n'invite pas le Père à dîner, il s'invite au
contraire à table chez celui-ci, mais en
apportant tout ce qu'il faut pour le repas.

---

[1] Une Mission catholique a été fondée à Kana depuis la
conquête française.

En effet, à l'heure convenue, le missionnaire voit arriver une dizaine de calebasses contenant assiettes, couteaux, fourchettes, verres, nappes, serviettes et enfin une douzaine de plats à l'européenne, avec force vins et liqueurs.

Le repas est très gai, agrémenté de plaisanteries multiples et d'un goût douteux de la part du chef nègre ; on boit à la santé de Sa Majesté Béhanzin et à celle de Monsieur Carnot, « roi de France, *ami intime du roi du Dahomey.* »

Puis le Cabécère se retire avec sa suite et.... promet de revenir le lendemain ; ce qu'il fait durant les trois jours de présence du P. Dorgère à Kana.

*
**

Bientôt arrive de la capitale le Cabécère Zoglimé, envoyé par le roi avec un nouveau « bâton » et accompagné de l'interprète Alexandre, ancien employé de factorerie, ancien élève de la Mission, catholique convaincu en qui on pouvait avoir quelque confiance. Il était très attaché au missionnaire à qui il rendit par la suite de réels services.

Zoglimé annonce que Sa Majesté attend l'envoyé de la France. Il se joint au cortège, ainsi que le Cabécère Imaro.

Et le P. Dorgère reprend le chemin d'Abomey.

A partir de Kana, la route est fort belle, large de plus de vingt mètres et bordée de nombreux villages qui se succèdent presque sans interruption. Ce sont les faubourgs d'Abomey.

La traversée de ces multiples bourgades ne manque pas d'originalité. Les habitants se rangent en foule le long du chemin et l'on rencontre çà et là des groupes de négresses accroupies pour voir passer le « Yévoghan des blancs. »

L'accueil le plus chaleureux et le plus bruyant est réservé au religieux français. Ce ne sont que cris et salutations selon la formule du pays : « *Okou Yévo ! bonjour blanc !* »

Puis les indigènes échangent des compliments avec les noirs de l'escorte, et dans quels termes pittoresques ! « *Okou, Okou déou ! Okou baba !* etc... *Bonjour bonjour, comment vas-tu ?* Comment va ton père, ta sœur, ton frère, ton bœuf, ton cochon, ta poule ? » etc... toute la famille y passe, au milieu de l'hilarité générale.

** **

A Goho, aux portes d'Abomey, la caravane trouve un grand nombre de Cabécères venus au devant du Père Dorgère avec leurs soldats et une musique composée d'instruments qu'on ne voit dans aucun autre pays du monde.

La foule, cette même foule qui, quatre mois auparavant, huait le missionnaire et ses compagnons prisonniers, continuait à manifester bruyamment sa joie.

Après un très court arrêt, le cortège se forme. Deux ou trois cents mètres avant d'arriver, il rencontre une longue file de grands fétiches auprès desquels les noirs s'avancent en silence.

Enfin voici les remparts de la capitale du Dahomey, ou plutôt quelques vestiges des anciens remparts qui sont tombés en ruine. Des pans de 50 mètres de long, de loin en loin, restent encore debout. Le fossé est à demi-comblé.

Il est 10 heures du matin. Le R.P. Dorgère, en hamac, entouré de l'immense cortège, franchit ce fossé sur un pont et le mur d'enceinte, au son endiablé des tams-tams, des cornes en dents d'éléphants, des flûtes en roseaux et des clochettes de fer.

Ce voyage avait été un véritable triomphe. Comment ne s'en serait-il pas réjoui pour le succès de sa mission qui s'annonçait sous de si heureux auspices ?

CHAPITRE VII

La Diplomatie Noire

A la Cour de Béhanzin. — Exigences du roi. —
Le Grand Féticheur. —
Correspondance diplomatique. —
Succès de l'ambassade du P. Dorgère.

A son arrivée dans la capitale du Dahomey.
le R. P. Dorgère reçut les honneurs décernés
à un ambassadeur.

Le roi Béhanzin envoya immédiatement
prendre des nouvelles de sa santé et lui fit
remettre des provisions et liqueurs. Il le fit
installer dans le *Salam du Chacha* demeure
très grande, presque bâtie à l'européenne,
ayant des portes et des volets aux fenêtres,
avec table, lit, chaises, choses très rares
dans ce pays. Ce salam servait de domicile
aux quelques étrangers de distinction qui
montaient à Abomey avec la permission
du roi.

Il était d'ailleurs historique. Il avait été
bâti par un personnage dénommé le *Chacha*,

ancien Grand Chef des blancs [1] de la Côte, dont la popularité avait porté ombrage à l'ancien roi qui, certain jour, l'avait rappelé à la capitale. L'imprudent s'y était rendu en grande pompe. Depuis on ne l'avait plus revu. Ses femmes, ses parents, l'attendaient encore, mais sans grand espoir.

C'est dans ce Salam que le docteur Bayol, Lieutenant-Gouverneur de la Côte des Esclaves, était descendu pendant son dangereux séjour dans cette capitale reculée, et qu'il avait passé de longs jours dans les angoisses les plus vives.

On voyait qu'il y avait occupé ses loisirs à graver au couteau sur la table, ces mots : « J. BAYOL, *Gouverneur* ; » et au-dessus, les deux lettres R. F. [2] Cette inscription, d'un patriotisme un peu naïf, fut à l'insu de son auteur, comme une prophétie, puisque deux ans plus tard le Dahomey était conquis par les armes françaises.

Son installation terminée, le P. Dorguère reçoit la visite du Cabécère Chatingan, qui

---

(1) Le Chacha était jadis l'intermédiaire entre le roi et les Européens. A cette époque ceux-ci n'étaient pas reçus à la Gore et n'étaient pas autorisés à quitter le rivage de la mer.

(2) Chaudoin. — Trois mois de captivité au Dahomey, page 217.

était chargé de la table du roi et occupait une haute situation à la cour. Celui-ci lui annonce qu'il viendra, le lendemain, dîner avec lui et que tous les Cabécères se succèderont ainsi à tour de rôle à la table du blanc, avec la permission du roi, ce qui était une grande faveur.

Le missionnaire rendit compte à l'Amiral de Cuverville de la réception qui venait de lui être faite et de sa première entrevue avec le roi Béhanzin, par la lettre suivante :

« Dahomey-Abomey, 9 août 1890.

« MONSIEUR L'AMIRAL,

« Je suis arrivé à la capitale le 7 août vers dix heures du matin.

« Je suis resté dans ma maison, près du palais de Jimi, jusqu'à six heures et quart. De là, je suis allé au portail du roi et, vers sept heures, un Cabécère du nom de INAÏ m'a remis un nouveau bâton de Sa Majesté, me souhaitant la bienvenue et me priant de me rendre dans une maison désignée, l'heure étant trop avancée pour être reçu au palais.

« Hier, 8 août, grande réception à quatre heures du soir.

« Assis au milieu d'une des grandes places de la capitale, tous les hauts dignitaires accompagnés de leurs soldats et pavillons ont fait successivement trois fois le tour de moi ; puis chaque troupe a tiré en mon honneur. D'après les comptes donnés par les soldats, il a été tiré 7900 coups de fusil et 100 coups de canons. Le nombre des Cabécères se montait à 90.

« Cette sorte de ronde terminée, je fus conduit sur la place même où siégeait le roi entouré de ses amazones. Les guerriers étaient rangés en ordre, chaque troupe ayant son drapeau. Je fis trois fois le tour de la place selon la coutume, et m'arrêtai enfin à quinze mètres du roi.

« Après les compliments d'usage, le roi prit la parole, descendit de son trône et, le sourire sur les lèvres, franchit la limite qui le séparait du peuple et des grands, et vint à moi. Il me demanda des nouvelles de la santé du *roi de France,* de la vôtre, Monsieur l'Amiral, puis fit dresser une table avec toutes sortes de liqueurs.

« Je bus à sa santé et il fit de nouveau résonner le canon. Il donna l'ordre alors à ses amazones de commencer les danses, puis il fit défiler trois troupes de ses guerriers qui dansèrent également.

« Comme il me vantait le courage de ses troupes, disant qu'elles ne craignaient absolument rien, et que ses guerriers étaient prêts à mourir sans crainte et sans frayeur, je répondis qu'il était du devoir de tout bon soldat de combattre jusqu'à la mort pour son prince, et que le soldat qui reculait devant l'ennemi devait être traité de lâche. J'ajoutai que, bien que n'étant pas soldat, je ne connaissais pas la peur.

« Ce discours fut répété à haute voix à tout le peuple présent.

« Enfin, vers huit heures, je demandai congé à Sa Majesté qui me l'accorda aussitôt, disant hautement qu'il voyait que j'étais un homme de cœur et de parole et que, du reste, ma physionomie seule indiquait la franchise et l'homme sérieux ; je vous demande pardon de ces détails, mais je tiens à tout vous dire).

« Il ajouta qu'il m'appellerait le plus vite possible pour traiter en particulier de ma mission, ne voulant pas me retenir longtemps à la capitale. Il ordonna à ses Cabécères et soldats de m'accompagner jusqu'à ma maison et fit tirer le canon jusqu'à ma rentrée.

« Voilà, Monsieur l'Amiral, le résumé exact des faits jusqu'à ce jour.

« Au moment où j'allais vous expédier ma lettre, Sa Majesté a envoyé le Cabécère IMARO pour me faire une autre fête ; il avait l'ordre de tirer des coups fusils jusqu'à ce que, moi même, je dise : « Assez ».

« J'ai laissé tirer pendant près d'un quart d'heure, puis j'ai fait cesser le feu.

« Sa Majesté m'a offert, en cadeau, un bœuf superbe, trente poules, dix chèvres quarante piastres cauris, trois paniers d'ignames.

« Vous voyez, Monsieur l'Amiral, les bonnes dispositions du roi vis-à-vis de la France et de moi.

Agréez, etc...

« Signé : DORGÈRE.

Missionnaire Apostolique,
Aumônier du corps expéditionnaire,
en mission au Dahomey.

*****

On voit combien le P. Dorgère se révélait déjà bon diplomate et observateur avisé, habitué aux usages des Dahoméens, aussi à son aise au milieu de la cour du roi sanguinaire qu'au centre de sa Mission. En même temps, patriote ardent absolument pénétré de l'importance du rôle qu'on lui avait confié, il s'apprêtait à tirer parti des bonnes dispositions qu'il avait rencontrées chez Béhanzin. Il se servit pour cela d'agents dévoués qu'il chargea de sonder en sous-main les intentions du monarque et de ses conseillers. Et il s'empressa de les communiquer à l'amiral afin d'avoir ses instructions si possible avant ses dernières entrevues avec le roi :

« Pour l'affaire de Kotonou, lui écrivait-il, il n'y aura aucune difficulté ; seulement :

« 1º Le roi demande *avec instance* qu'on laisse à Kotonou les Cabécères qui y étaient auparavant ; mais *ils n'auront rien a démêler avec les Européens*, ils se gouverneront entre eux et ce sont eux qui toucheront l'indemnité. Le roi désire fixer lui même l'indemnité qu'il touchera pour remplacer les droits abandonnés.

« 2° L'affaire concernant Porto-Novo est déjà réglée.

« 3° Pour un débarquement de forces à Whydah, *il ne peut consentir*. Il croit que c'est un acte de possession. Il dit que si moi-même je suis à Whydah, la considération acquise, le respect et l'amitié qu'a le peuple pour moi est une sauvegarde absolue. Il a donné des ordres pour que ses chefs et son peuple traitent mieux les blancs qu'ils ne l'ont fait jusqu'à ce jour.

« Voilà, Monsieur l'Amiral l'état de la question, et je vous serai très reconnaissant de vouloir bien me donner vos instructions à ce sujet.

« Pour Dieu et pour la Patrie. »

*
* *

Cependant le vaillant missionnaire ne négligeait rien pour se ménager des influences auprès de l'astucieux monarque dahoméen.

Il visitait les Cabécères et s'entretenait fréquemment avec eux.

Mais le personnage avec lequel il se

retrouvait de préférence était le GRAND
FÉTICHEUR BOCONOU . Celui-ci était très
puissant auprès de Béhanzin, qu'il ne quittait presque jamais. Il avait, dès le début,
témoigné une grande sympathie au religieux
français, pour lequel il s'éprit d'amitié et
dont il facilita la tâche.

Le P. Dorgère ne manqua pas de cultiver
cette amitié dans des conversations qui
rompirent la monotonie de ses loisirs et lui
permirent d'étendre le champ de ses inves-
tigations et de ses connaissances sur ce
curieux royaume.

Boconou était fort intelligent, quoique
illettré comme d'ailleurs tous les dahoméens.
Il se prêta de très bonne grâce aux questions
du missionnaire, malgré la vieille coutume
de ce pays qui consistait, en fait de politique
vis-à-vis des Européens, à leur laisser tout
ignorer et à les induire en erreur sur toutes
choses.

Histoire. — Ainsi le R. P. Dorgère acquit la
certitude que le Dahomey n'ayant pas de
langue écrite, n'avait pas de chroniques,
mais seulement des légendes, des chansons,
des complaintes. Les contes s'y trouvaient
fort répandus. Les souvenirs du passé se

transmettaient verbalement de père en fils. En cela les dahoméens étaient aidés par une grande mémoire ; mais il n'était pas possible, en fait d'histoire, de remonter au-delà des temps modernes sans retomber dans le domaine de la fable.

Au Dahomey, il n'existait donc pas de centre intellectuel, comme on en voit, par exemple, dans les régions musulmanes du Nord de l'Afrique. Partout des gens absolument illettrés ; pas même des ruines pour guider le voyageur dans ses recherches.

C'est ainsi que la capitale, Abomey, peuplée d'environ 25.000 habitants. ne présentait aucune curiosité particulière et historique, si ce n'est ses fortifications et quelques palais construits par les anciens rois.

Lois. — Mais le Dahomey n'était pas pour cela un peuple de sauvages vivant comme la brute au gré de ses instincts sanguinaires. Bien loin de là ; malgré la coutume des sacrifices humains qui s'accomplissaient régulièrement chaque année, on trouvait dans ce pays des lois remarquables et qui n'avaient rien de barbare.

Et encore l'on peut se demander si l'origine de ces coutumes sanguinaires n'avait pas en quelque sorte son excuse dans les déplorables exemples que les Européens n'avaient cessé de donner aux Noirs africains. Qu'avaient, en effet, appris ces sauvages de leurs premiers contacts avec les blancs ? La traite, avec son cortège de férocités, avec ses négriers qui montraient tant de mépris pour la vie humaine au point de jeter à la mer des cargaisons d'esclaves quand il s'agissait de se débarrasser des bouches inutiles ou d'échapper à des poursuites.

Au Dahomey était appliqué le droit d'aînesse.

Les lois punissaient le vol avec une grande sévérité ; il existait d'ailleurs peu de pays de race nègre où la sécurité fût plus complète pour le voyageur.

Elles réprimaient aussi le suicide. La famille et quelquefois le maître du suicidé étaient condamnés à une forte amende.

Religion. — La plupart des indigènes mangeaient peu de viande, croyant presque tous à la métempsycose.

Mais la religion du Dahomey était, comme nous l'avons dit, le fétichisme.

On y trouvait néanmoins quelques musulmans.

Les protestants étaient alors en fort petit nombre dans ce pays qui préférait l'influence française et portugaise à celle des Anglais. Les noirs avaient, en effet, une sainte haine pour l'Angleterre qu'ils respectaient seulement comme la nation européenne qu'ils craignaient le plus.

Mœurs. — Le nègre n'est pas prévoyant ; aussi, quand les récoltes manquent, les disettes deviennent épouvantables. Au Dahomey, il a souvent la fâcheuse habitude de s'enivrer au moyen du tafia, du gin, de l'absinthe et autres liqueurs très répandues dans le pays.

Il possède un goût naturel pour les arts industriels. Ainsi les forgerons sont très nombreux dans le pays et fort adroits ; ils fabriquent surtout les armes et une sorte de couteau que l'on nomme *couteau-manchette*. Puis viennent les charpentiers, les tonneliers qui font les fûts destinés au commerce de l'huile de palme.

Coutumes Royales. — Le roi, une fois par semaine, allait à la porte de son palais et y siègeait entouré des grands chefs. C'est ce qu'on appelait « *le Jour du Roi.* » C'était un jour férié, personne ne travaillait.

A cette occasion tout le monde était admis à lui parler et à lui exposer ses réclamations.

Une loi religieuse lui interdisait de voir la mer. Elle avait été imposée par les féticheurs qui craignaient qu'au contact des blancs de la côte, le roi ne vînt à oublier les *Coutumes* du pays.

On se trouvait donc en présence d'une nation guerrière et quelque peu policée, gouvernée par un roi autocrate, — en face d'une civilisation nègre qu'il n'était pas impossible de rapprocher de la nôtre.

C'était la conviction du P. Dorgère, formée par ses nombreuses conversations avec le Grand Féticheur Boconou. Les observations du célèbre missionnaire seront mises à profit, plus tard, par ceux qui auront la charge de défricher par l'école et les Missions ce nouveau et vaste « champ du père de famille », — et d'ouvrir en même temps à la civilisation française une colonie prospère.

* *

Les bonnes dispositions du Grand Féticheur à l'égard de l'envoyé de la France, donnèrent à l'Amiral de Cuverville l'espoir d'une issue favorable aux négociations engagées.

Néanmoins celui-ci trouva « la diplomatie noire fort habile, » en recevant la lettre suivante qui lui fut adressée par le roi. Elle était de la main du P. Dorgère qui l'avait écrite sous la dictée du monarque.

Voici un extrait de cette lettre, dans son style exotique :

« *Palais d'Abomey, 18 août 1890, 4 heures du soir.*

« A Monsieur l'Amiral
« Cavelier de Cuverville.

« Monsieur l'Amiral,

« Sa Majesté Béhanzin Ahi-Djéré vous fait saluer et souhaiter que votre santé soit parfaite. Il offre également ses hommages à Monsieur le Président de la République.

« Sa Majesté dit qu'elle est ici tranquille sans faire de mal à personne, et que ce sont les Européens qui sont venus troubler la paix de son royaume.

« Elle dit que Dieu, dans le principe, a créé le noir et le blanc chacun pour habiter la terre qui lui a été désignée. Le blanc s'occupe de commerce et le noir doit faire le commerce avec le b'anc Que les noirs ne font aucun mal aux blancs et que de même les blancs ne doivent faire aucun mal aux noirs. Que lorsque M. l'Amiral rentrera en France, il veuille bien parler avec le gouvernement, afin que les Français ne recommencent jamais de telles actions, et que Sa Majesté soit toujours l'amie de la France comme Dieu le veut.

« Lorsque deux personnes sont amies et qu'il s'en rencon're une troisième qui les divise, il ne faut pas envoyer une telle personne ici et pourtant voilà ce qu'a fait M. Jean Bayol. Ainsi en France il y a de très bonnes gens ; de même au Dahomey ; et il a suffi de M. Jean Bayol pour tout perdre.

« Les rois du Dahomey, depuis le principe de leur royaume, n'ont jamais donné leur territoire ; ils ne le peuvent pas ; c'est impossible. Les Européens peuvent rester à Kotonou, s'ils en ont besoin, moyennant une indemnité chaque année...

« Il dit que les autorités qui sont à Kotonou retourneront à leurs maisons, mais qu'ils n'auront plus de palabre avec les blancs. Quand une personne commettra un crime et se réfugiera à Kotonou, les autorités françaises la remettront au Dahomey. De même le Dahomey fera la même chose vis-à-vis de la France. •

« La France paiera au roi par année :

« En or, mille cinq cent livres sterling ou 7.500 piastres en argent. C'est le compte que le roi reçoit chaque année des décimères (douanes).

« C'est Toffa qui a commencé les intrigues. Puisque les Français ne veulent pas que Sa Majesté lui fasse la guerre, qu'ils veuillent bien prendre soin que Toffa reste tranquille et ne cherche pas de querelles. Alors le roi du Dahomey ne l'attaquera plus, surtout maintenant que le roi du Dahomey est l'ami de la France, car ce serait une honte pour lui...

« Sa Majesté ne veut absolument pas que des soldats viennent habiter le fort français de Whydah. Ce n'est qu'à cause de M. Bayol que les Français ont été pris.

« Sa Majesté, afin d'éviter tous malentendu et intrigues, fera retirer les soldats du fort portugais par ses Cabécères, aussitôt mon arrivée à Whydah. Ainsi donc, dit-elle, le gouvernement français voit qu'il n'y a pas lieu de mettre des troupes au fort français.

« Tous les blancs seront bien traités et jamais il ne leur arrivera quoi que ce soit.

« Et si le roi permet aux soldats de débarquer, alors c'est que le roi a perdu la confiance des Français, et le peuple dira que, si le roi traite bien les blancs, c'est à cause des soldats et non à cause de l'amitié qui a toujours existé entre la France et le Dahomey.

« Les Français feront un contrat comme quoi ils ne feront de guerre au Dahomey, et les Dahomeens en feront un de même : et ainsi jamais les Français ne tueront un Dahoméen et jamais les Dahoméens ne tueront un Français. De cette façon les deux peuples seront éternellement amis.

« Je vous salue bien, Monsieur l'Amiral.

Signé : BÉHANZIN AHI-DJÉRÉ.

« Ecrit par moi, sous la dictée même du roi et suivant ses propres paroles et style »

Signé : DORGÈRE.

Cette lettre fut accompagnée de cadeaux du pays.

La mission du religieux-diplomate dans la capitale du Dahomey était terminée. Celui-ci n'avait plus qu'à repartir.

Sa Majesté Béhanzin paraissait adhérer, moyennant une indemnité, à notre installation à Kotonou et reconnaissait notre protectorat sur Porto-Novo.

Le R P. Dorgère avait donc atteint le but qu'on lui avait assigné selon les ordres du Gouvernement. Il avait obtenu tout ce qu'il avait demandé, sauf cependant la réoccupation de Whydah par une garnison française que le roi n'avait pas voulu admettre par crainte d'être humilié devant son peuple.

Les plénipotentiaires que le monarque allait envoyer sur la côte devaient régler les questions de détail avec les représentants de la France.

CHAPITRE VIII

Les conférences de Whydah

Le retour du P. Dorgère. — Naufrage et arrêt forcé. —
Les délégués Français et les envoyés Dahoméens.
— L'Arrangement du 3 octobre 1890. —
La Croix de la Légion d'Honneur.

Le R. P. Dorgère quitta Abomey dans le même cérémonial qu'à l'arrivée.

Il ramena avec lui Bernardin Durand, les personnes de sa suite et trente-cinq prisonniers, anciens employés de factoreries rendus à la liberté par son intervention.

Il emporta en même temps les cadeaux que Sa Majesté Dahoméenne offrait à Monsieur le Président Carnot et à l'Amiral de Cuverville.

Au P. Dorgère, le roi avait donné un jeune nègre, choisi parmi ses esclaves. Il l'emmènera plus tard à Nantes où il sera baptisé sous le nom de PAUL. (1)

---

(1) Cf Abbé Burnot. — Héros et épopées, page 13. Paris, Beauchesne, éditeur rue de Rennes, 83.

Le Cussugan de Whydah et le Cabécère Zizi-Dogué reçurent chacun un cheval, cadeau d'autant plus apprécié qu'il existe peu de ces animaux au Dahomey dont le climat leur est contraire.

Durant le retour, ils escortèrent, à cheval, le hamac du missionnaire, pendant que le pavillon national attaché à la hallebarde, était agité, aux acclamations de la foule, en tête du cortège par un noir marchant au pas de course. Le drapeau tricolore déployé fit ainsi, pour la première fois peut-être, le trajet d'Abomey à Whydah. [1]

Le cortège fut rendu à la côte le 24 août, c'est-à-dire avec une avance de plusieurs jours sur le délai qui avait été fixé par l'Amiral de Cuverville.

*
* *

Le voyage du R. P. Dorgère avait été véritablement triomphal ; jamais dans le pays, on n'avait vu une ovation pareille à celle qui avait été faite à cet humble religieux.

---

(1) Nous croyons savoir que la hallebarde qui servit de bâton-accréditeur au R. P. Dorgère est déposée à la Basilique de Montmartre à Paris.

A KOTONOU. — Un aviso de guerre accostant le Wharf au devant de la barre.

Malheureusement il se termina par un accident qui aurait pu être mortel.

Le Père était désireux d'arriver le plus vite possible à Kotonou où se trouvait l'Amiral, pour lui rendre compte de sa mission.

Mais il avait compté sans la *barre* qui était particulièrement mauvaise ce jour-là. Ici quelques mots d'explication sont nécessaires sur ce phénomène maritime qui étonne le voyageur dès que celui-ci arrive sur la côte du Bénin et qui cause tant de sinistres.

Au Dahomey, la *barre* provient d'une forte houle du Sud-Ouest, qui, sous l'action du vent du large, entraîne une énorme masse d'eau et la pousse vers la terre où elle rebondit à une grande hauteur, suivant l'importance des brisants qu'elle rencontre.

Pour passer la *barre*, on emploie une grande pirogue montée par une douzaine de rameurs et un pilote. L'équipage laisse à terre son cuisinier et son féticheur.

L'embarcation flotte et se rapproche peu à peu de la masse d'écume. Le pilote choisit le moment le plus favorable et donne un ordre. Les canotiers pagayent alors avec furie, pendant que leur patron, debout à l'arrière et le bras tendu dans une très fière silhouette, semble véritablement défier la mer : ce pilote excite ses hommes du geste et de la voix, tenant lui-même d'une main l'aviron qui lui sert de gouvernail.

Une fois parvenus sur la lame, les rameurs s'arrêtent une seconde, — c'est le moment le plus critique, — la pirogue se lève dans un flot d'écume, quelquefois presque complètement hors de l'eau et ne tenant que par son arrière sur le dos de la vague. Puis elle retombe avec fracas au milieu d'une immense gerbe de volutes d'argent et sur l'autre versant de la masse d'écume.

La barre est passée, si la manœuvre a été bien faite. Les noirs poussent un cri de joie et conduisent à terre le passager qui tout heureux s'empresse de leur offrir ce que, dans notre civilisation, nous nommons le *pourboire*.

Pendant l'opération, le féticheur, sur la plage, a suivi la pirogue des yeux, poussant des hurlements pour conjurer les génies de la mer et... les requins toujours assez nombreux dans ces parages africains.

« C'est là, dit un témoin, un spectacle

saisissant. Ceux qui ont eu l'occasion de franchir la barre à Whydah ou à Kotonou se souviennent de la forte émotion qu'ils ont éprouvée. A ce moment le courage individuel et la confiance en l'habileté des rameurs sont paralysés par l'appréhension des requins. La crainte de l'accident est instinctive, surtout lorsqu'on a vu, après que la pirogue a chaviré , de malheureux noirs s'échouer mourants sur la plage, complètement défi_gurés, horriblement mutilés par les squales voraces. [1] »

* *
*

Dans sa hâte, le P. Dorgère voulut donc traverser la *barre* malgré le mauvais temps afin de monter sur l'aviso la *Mésange* qui était venu l'attendre à Agoué pour le conduire à Kotonou. [2]

La pirogue qui le portait chavira ; il fut jeté à l'eau et sauvé grâce aux secours des noirs,à l'absence fort opportune des requins,

____

(1) *Au Dahomey* par A. d'Albéca, loc. cit. page 68.
(2) Un Wharf de 236 mètres de longueur et s'étendant par conséquent au-delà de la barre qui ne va guère qu'à 100 mètres du rivage, a été construit à Kotonou en 1891 et permet aujourd'hui de débarquer en parfaite sécurité.

mais s'étant donné une entorse, il fut obligé de rester à terre et de s'aliter.

L'Amiral fut ainsi privé des explications orales qui devaient servir de complément à la correspondance échangée, soit avec Béhanzin, soit avec le missionnaire-ambassadeur.

Néanmoins, très satisfait du service que celui-ci venait de rendre à sa patrie, il s'empressa de demander pour lui la *Croix de la Légion d'honneur.*

D'autre part, voici en quels termes le commandant en chef, dont on ne saurait trop louer la fière attitude en cette circonstance, transmettait au Ministre ses impressions :

« La lettre que le roi m'adresse doit être lue entre les lignes, et, puisque contrairement à mon avis, le gouvernement ne croit pas devoir en finir par une action décisive qui aurait été facile et prompte, une *paix armée* peut être conclue, si nous savons tenir compte, d'une part, de l'orgueil immodéré du roi actuel et, de l'autre, de son désir bien naturel de ne pas être humilié aux yeux de son peuple...

« Vous remarquerez dans la lettre du roi, l'habileté avec laquelle Sa Majesté traite l'occupation militaire du fort de Whydah ;

après avoir fait valoir des raisons de sentiment, elle déclare qu'elle donne des ordres
pour faire évacuer le fort portugais, afin de
nous enlever tout prétexte à occuper le
nôtre. Je me suis empressé de mettre le
holà. J'ai fait savoir au roi que, loin de nous
être agréable, la violation des droits d'autrui
nous blesserait profondément. J'ai averti le
lieutenant Dos Santos, commandant le fort
portugais de Whydah, en l'assurant qu'il
pourra, au besoin, compter sur mon appui.
Je me suis donné, à cette occasion, la satisfaction de rappeler à M. le Gouverneur
de San-Thomé, dont relève le fort portugais
de Whydah, qu'en 1885, alors que le drapeau
portugais avait été indûment arboré sur la
plage de Kotonou, m'obligeant ainsi à user
de mesures énergiques pour le faire amener, j'avais déclaré au gouverneur Borja que
la France et le Portugal avaient mieux à
faire, en ce pays, que de se livrer à des luttes
déloyales ; et que ma conduite, dans les
circonstances actuelles, était conforme à
mes anciennes déclarations. »

L'amiral ajoutait qu'il allait se rendre au
Gabon pour y ravitailler la *Naïade*; son absence
durerait une douzaine de jours. Pendant ce

temps, le capitaine de vaisseau de Montesquiou, commandant le *Roland*, entrerait en pourparlers devant Whydah avec les envoyés du roi, pour la conclusion de l'arrangement définitif. Et il finissait son rapport au ministre en lui demandant de ne point toucher encore aux effectifs des troupes qu'il convenait de ne pas diminuer jusqu'après la signature de la paix.

Cette précaution n'était pas inutile, car des guerriers dahoméens tenaient encore la campagne ; ils avaient réussi à pénétrer en armes dans Porto-Novo et s'y tenaient cachés. Leur présence insolite avait provoqué une panique et une partie de la population avait pris la fuite. Bien plus, au moment même où le monarque noir traitait royalement le Père Dorgère, des groupes armés attaquaient les lignes de Kotonou et tentaient un coup de main sur cette ville.

Ces agressions dévoilaient la pensée secrète du roi pour la guerre. Malgré ses témoignages d'amitié, Béhanzin se montrait là, tel qu'il fut toujours, perfide et capable de toutes les trahisons.

Cependant le R. P. Dorgère, surmontant ses souffrances, s'était, après quelques jours de repos, fait transporter à Kotonou où se trouvait encore la *Naïade* ; il donna à l'amiral tous les détails précis sur sa mission à Abomey.

Tant d'intrépidité et de courage méritaient la reconnaissance du gouvernement et de l'amiral. Celui-ci écrivit au Ministre : « Je vous ai demandé par le câble et à l'insu du P. Dorgère la Croix de la Légion d'honneur. J'insiste pour l'obtention de cette récompense, qui le contrariera peut-être, mais qui servira grandement à la mission pacifique que vous m'avez confiée. »

* *

Les conférences ouvertes à Whydah y furent très laborieuses.

Il avait été entendu que le R. P. Dorgère devrait se tenir à l'écart des négociations : mais, dès le premier jour, les envoyés du roi réclamèrent sa présence qui ne fut d'ailleurs pas inutile aux officiers français, comme on le verra par la suite de ce récit.

Ceux ci, devant la répugnance manifestée par les Dahoméens à se rendre sur nos vaisseaux, n'avaient pas hésité à descendre à terre. Avec un courage patriotique digne d'admiration, ils s'étaient mis résolument à la merci des autorités de Whydah.

Les plénipotentiaires noirs les avaient d'ailleurs fort bien reçus, au milieu d'un grand concours de peuple assemblé sur la place de la ville. Les réunions se tenaient à *la Gore* : leur compte rendu mérite d'être rapporté.

Dès le premier jour, le capitaine de vaisseau de Montesquiou, chef des délégués français, donna lecture du projet de traité et des conditions de paix présentées au nom de la France. Les Dahoméens écoutèrent religieusement et sans interrompre. Quand ils s'aperçurent qu'en sus du protectorat sur Porto-Novo et de la cession de Kotonou, il était question de l'occupation du fort de Whydah par une garnison française, ils déclarèrent net « qu'on leur couperait les jambes par morceaux plutôt que de consentir à ce dernier point. »

En vain les Français s'efforçaient de leur faire comprendre que le fait d'avoir consenti la location du fortin à une maison de commerce n'impliquait pas son abandon par la France qui pouvait en reprendre possession quand bon lui semblerait. Rien ne pouvait faire revenir les délégués noirs de leur entêtement. Ils défendaient les intérêts de leur pays, comme ils auraient défendu leur tête.

La question d'indemnité pour les douanes de Kotonou les préoccupait peu. « Ce que nous voulons, disaient ils, c'est sauvegarder l'intégrité de notre territoire et notre indépendance[1]. » Et ils en revenaient toujours, avec une ténacité irréductible, aux termes mêmes de la lettre adressée par le roi à l'amiral de Cuverville.

Les entrevues se multipliaient sans amener de résultat. A chaque réunion, le *Cussugan*, assis à une table, avait devant lui des noix de palme, au nombre de trois. Elles représentaient les trois questions en litige. Il retirait sans cesse deux noix, ce qui signifiait qu'il accordait deux des clauses du traité ; mais la troisième noix, symbolisant l'occupation de Whydah, il la maintenait sur la table ou la repoussait loin de lui. Cette mimique, qu'il renouvela cent fois, indiquait qu'il ne cèderait pas [2].

---

(1) Le R. P. Dorgère au Dahomey, supplément à l'*Ami du Drapeau*, page 16.
(2) La campagne de la « Naïade » (1890-1892) page 109.

.*.

Les Dahoméens n'écrivaient pas et parlaient le moins possible ; mais ils étaient servis par une mémoire prodigieuse. Aucun détail ne leur échappait, ils classaient tout dans leur tête et répondaient toujours avec à propos.

Les diplomates Français, fort embarrassés, finirent par se décider. sur le conseil du P. Dorgère, à en référer au roi Béhanzin, à lui écrire en lui soumettant le projet de traité. De son côté, le missionnaire écrivit au Grand Féticheur Boconou, son ami, dont il escomptait l'appui pour résoudre cette difficulté.

Voici la lettre du P. Dorgère, traduite du portugais :

Whydah, 22 Septembre 1890.

« Très illustre Monsieur Boconou,

« Comme je suis arrivé une autre fois à Whydah, je désire profiter de l'occasion de ce messager pour vous envoyer mon souvenir et mes compliments.

« Nous sommes ici à Whydah cinq Européens, moi, M. le Colonel de Montesquiou, un capitaine, un aspirant et un docteur. Ces messieurs ont été envoyés par le très illustre M. l'Amiral pour se rencontrer avec les deux Cabécères de Sa Majesté et régler entièrement la question actuelle.

« Monsieur le Colonel envoie aujourd'hui un porteur, avec le contrat qui doit définitivement se remettre au roi.

« Dans un article du contrat, on parle de mettre à la maison Régis vingt-cinq soldats. Je sais que Sa Majesté ne le désire pas. Mais je vous parle franchement que ce sera une bonne chose pour le roi.

« Je ne suis point négociant, je ne suis point militaire, je suis un Père, et de cette façon, n'ayant aucun intérêt à la chose, il me reste plus de liberté pour parler.

« Le Dahomey est environné de deux nations qui ont les yeux sur lui. En diverses circonstances, les Allemands m'ont dit qu'ils voulaient faire la conquête du Dahomey ; je connais des faits particuliers qui le prouvent.

« Le gouverneur anglais a dit aussi clairement, au sujet de la guerre que le Dahomey a faite aux Egbas ou Nagos, que, si la guerre actuelle n'était pas faite par la France, il serait déjà à Whydah.

« Enfin, je vois un très grand danger pour le Dahomey, s'il refuse cet article sans lequel on ne pourra faire la paix.....

« Très illustre Seigneur, j'achève cette lettre,

demandant à Dieu que tout demeure en paix pour le bien de tous ; bonne santé je vous souhaite, daignez accepter mon souvenir.

« Signé : DORGÈRE. »

La réponse tarde d'arriver. Il faut patienter, la rapidité étant contraire aux usages de la Chancellerie dahoméenne.

Enfin les deux Cabécères qui l'apportent sont de retour. Nouvelle réunion solennelle à la Gore, pour y recevoir « la parole du roi. » En signe de respect, ceux-ci s'allongent par terre et, le nez dans la poussière, donnent cette réponse en patois du Dahomey. Le Cussugan la traduit dans la langue de Whydah, Candido la répète en portugais et le P. Dorgère enfin donne la traduction française.

Voici quelle était cette réponse :

« Le roi a reçu la lettre qui lui a été adressée, il en prend note.

« Il ne veut pas de chemin de fer, ni de wharf à Whydah...

« Il ne veut pas de troupes à Whydah, ni son peuple, ni ses ministres n'en veulent. Le roi n'accepte pas cette clause imposée par la force...

« Le Père a porté trois articles au Dahomey ; le roi en a accepté deux, mais il ne veut pas du troisième.

« Le roi a eu connaissance de la lettre écrite à Boconou, le Grand Féticheur. Il remercie... »

Le monarque se montrait donc irréductible sur la question de l'occupation effective de Whydah par la France.

**

Mais le plus grave, c'est que ces quinze jours de palabres interminables avaient amené entre les Dahoméens et les délégués de la France, une tension de rapports qui pouvait faire craindre pour la sécurité de ces derniers.

L'attitude des Noirs, leur va-et-vient continuel n'indiquaient rien de bien rassurant ; leur surveillance étroite n'était pas d'un bon augure ; l'expression de leur physionomie témoignait de leur hostilité grandissante. Le commandant du *Roland* le comprit et signala par ces lignes ses impressions à l'amiral :

« Ce sont des brutes et des sauvages, et il faut nous attendre à ne pas sortir d'ici comme nous y sommes entrés [1]. »

Le P. Dorgère lui-même n'était pas sans appréhension, malgré la déférence que les Noirs lui témoignaient quand ils refusaient de reprendre la discussion hors sa présence. Se rendant à une des dernières conférences, il faisait en ces termes ses adieux à l'un des officiers malades :

« J'espère que nous ne serons pas crochés pendant que vous serez au lit. Je vous enverrai un petit avis pour vous faire savoir comment tourne l'affaire. Si, à cinq heures, vous ne recevez pas un mot de moi, c'est que nous serons coffrés [2]. »

*
* *

La situation était critique, presque désespérée. La mission française découragée et d'ailleurs affaiblie par la maladie qui s'attaquait successivement à tous ses membres, ne conservait guère l'espoir d'arriver à un arrangement, quand la *Naïade*, de retour du Gabon, vint mouiller devant Whydah.

---

(1) Cf. La campagne de la « Naïade », page 113.
(2) Ibidem.

L'amiral de Cuverville apportait de nouvelles instructions reçues de Paris. Ces instructions disaient : « Continuez à faire tous vos efforts pour traiter. Si l'occupation militaire de Whydah rend le traité impossible, se résoudre à y renoncer.[1] »

C'était la solution du problème, la fin des difficultés, à moins que les représentants de Béhanzin ne fissent surgir de nouvelles prétentions. C'est ce qui arriva.

Mis au courant des allures peu rassurantes des autorités dahoméennes qui ne faisaient plus saluer les officiers comme à l'ordinaire, et des nouvelles réclamations faites par les envoyés du roi relativement aux rives du fleuve Ouémé dont ils contestaient la possession à Toffa, notre protégé, l'amiral comprit que l'heure de la fermeté était venue. Il en usa sans tarder et rendit compte au Ministre de la Marine par la lettre suivante :

« Me conformant à vos instructions et au désir du Gouvernement de la République qui voulait avant tout éviter une expédition, je me suis résolu aux sacrifices nécessaires en sauvegardant absolument l'avenir aussi bien que *nos droits anciens*. J'ai fait

____

[1] Dépêche du Ministre de la Marine reçue le 29 septembre 1890.

préparer trois expéditions du document qui consacrait ces résultats ; il résumait tout ce que nous pouvions exiger sans recourir à la force. Je les ai envoyées aux négociateurs dahoméens sous forme d'*ultimatum*, leur donnant 24 heures pour les signer. »

L'effet avait été immédiat et l'arrangement signé le 3 octobre. Le P. Dorgère y avait apposé sa signature comme témoin. Les délégués dahoméens ne sachant pas signer, avaient fait une croix à côté de leur nom.

Voici la teneur de ce document [I].

Traité entre la France et le Dahomey

« En vue de prévenir le retour des malentendus qui ont amené entre la France et le Dahomey un état d'hostilités très préjuciable aux intérêts des deux pays,

« Nous soussignés :

ADALAKA
DODÉ-DJI } *messagers du roi.*

« Assistés de :

CUSSUGAN : *faisant fonctions de Yévoghan.*
ZIZI-DOGUÉ
ZONOUHOUCOU } *Cabécères.*

____

(I) *Notice sur le Dahomey* par J. Fonssagrives, loc. cit. page 75.

Ainadou, *trésorier de " la Gore "*
désigné par Sa Majesté le roi Béhanzin-Ahy-Djéré :

« Et :

Capitaine de vaisseau de Montesquiou-Fézensac, commandant le croiseur *le Roland*.
Capitaine d'artillerie Decœur ;
délégués par le contre-amiral Cavelier de Cuverville, commandant en chef les forces de terre et de mer, faisant fonctions de gouverneur dans le golfe du Bénin, agissant au nom du Gouvernement français

« Avons arrêté, d'un commun accord, l'arrangement suivant qui laisse intacts les traités ou conventions antérieurement conclus entre la France et le Dahomey.

« I. — Le roi du Dahomey s'engage à respecter le protectorat français du royaume de Porto-Novo et à s'abstenir de toute incursion sur les territoires faisant partie de ce protectorat.

Il reconnait à la France le droit d'occuper indéfiniment Kotonou.

II. — La France exercera son action auprès du roi de Porto-Novo pour qu'aucune cause légitime de plainte ne soit donnée à l'avenir au roi du Dahomey.

« A titre de compensation pour l'occupation de

Kotonou, il sera versé par la France une somme qui ne pourra en aucun cas dépasser vingt mille francs (or ou argent).

« Le blocus sera levé et le présent arrangement entrera en vigueur à compter du jour de l'échange des signatures. Toutefois cet arrangement ne deviendra définitif qu'après avoir été soumis à la ratification du Gouvernement français.

« Fait à Whydah, le 3 Octobre mil huit cent quatre-vingt-dix.

ADALAKA +, DODE-DJI +, CUSSUGAN +, ZIZI-DOGUÉ +, AINADOU +, ZONOUHOUCOU +,

« *Les témoins* : CANDIDO Y RODRIGUEZ, ALEXANDRE (interprètes).

H. DECŒUR, capitaine d'artillerie.

DE MONTESQUIOU, capitaine de vaisseau, commandant le croiseur le *Roland*.

« *Les témoins* : J. D'AMBRIÈRES, aspirant de 1re classe ; DORGÈRE, supérieur de la Mission catholique de Whydah. »

Les officiers français avaient quitté la ville de Whydah le même jour et s'étaient rendus par la lagune à Grand-Popo où ils étaient arrivés à onze heures du soir. Là ils avaient failli être victimes d'une grande méprise. Ils n'avaient pas pu prévenir de leur arrivée. Le poste de tirailleurs Sénégalais, qui surveillait les abords de Grand-Popo, croyant avoir affaire à des ennemis, les avait reçus à coups de fusil. Les voyageurs avaient eu de la peine à se faire reconnaître. Heureusement aucun d'eux n'avait été atteint.

* *

Bien qu'il eût peu de confiance dans la bonne foi du roi du Dahomey et qu'il considérât l'arrangement plutôt comme une *paix armée*, l'Amiral de Cuverville se réjouissait du résultat obtenu qui était en tous points conforme aux prescriptions qu'il avait reçues du Ministre.

Il finissait ainsi la lettre dont nous venons de parler :

« Félicitons-nous, Monsieur le Ministre, de l'heureux dénouement d'une affaire si mal engagée et puissions-nous profiter de l'expérience acquise ! Le peuple dahoméen est brave, discipliné, entièrement dans la main de son roi. Il défendra énergiquement son indépendance, et les leçons militaires que nous lui avons données ne seront pas perdues. Avec trois mille hommes, la conquête eût été aujourd'hui possible ; il n'en sera plus de même dans quelques années...

« Les chefs dahoméens ont tous assisté ce matin à

un *Te Deum* chanté par le R. P. Dorgère dans l'église de Whydah ; à leur demande et, suivant leur expression, « pour cimenter la paix », je me suis associé à cette manifestation par un salut de vingt-un coups de canon...

« En terminant cette correspondance, j'ai le devoir, Monsieur le Ministre, d'appeler votre bienveillance sur le capitaine de vaisseau de Montesquiou et sur le capitaine d'artillerie Decœur qui l'a assisté dans des négociations bien laborieuses. Quant au R. P. Dorgère auquel le succès est entièrement dû, je ne puis qu'attendre avec la plus entière confiance, la récompense que j'ai par deux fois sollicitée pour lui. (1) »

Cette insistance de la part de l'Amiral devait finir par obtenir satisfaction.

Le 8 octobre, un câblogramme du Ministre de la Marine, M. Barbey, apportait la nouvelle que le missionnaire venait d'être promu *Chevalier de la Légion d'Honneur*. La cérémonie de sa réception eut lieu, peu après, à Porto-Novo devant toutes les troupes (2), en présence des officiers et fonctionnaires civils, M. le Résident Ballot en tête, des Pères de la Mission et d'un grand nombre de commerçants notables de la ville.

---

(1) *Le R. P. Dorgère au Dahomey*, loc. cité, page 18

(2) *Rapport du lieutenant-colonel Klipfel*, commandant d'armes à Porto-Novo.

CHAPITRE IX

La ratification du traité

**Critiques de l'Arrangement du 3 Octobre. —
L'incident du « rameau d'olivier ». —
Odieuse calomnie. —
La politique de paix à outrance devant le Parlement.**

Le R. P. Dorgère avait regagné Whydah et se préparait à relever la Mission catholique de ses ruines.

Malgré l'état précaire de sa santé, il s'était mis résolument à l'ouvrage et, le prestige qu'il avait conquis dans le pays aidant, il pouvait espérer un apostolat fécond auprès des Noirs.

Le moment lui parut favorable pour tenter d'enseigner ouvertement le français dans son école. Il y avait bien en effet quelques indigènes qui parlaient un peu de notre langue dont ils avaient appris les éléments dans leurs relations avec les blancs ; mais il était interdit d'enseigner d'autres langues que le portugais

Le P. Martin, collaborateur du P. Dorgère, raconte qu'il reçut alors de celui-ci l'ordre de commencer l'enseignement du français. Les autorités en l'apprenant ne firent aucune difficulté (1).

Ainsi, notre langue pénétra, pour la première fois, dans le Dahomey par la voie pacifique de l'enseignement et de la prédication.

***

A ce moment, le Gouvernement de la République avait décidé l'envoi d'une mission officielle à Abomey, pour remettre au monarque dahoméen, les cadeaux du Président CARNOT, en réponse à ceux que Sa Majesté Béhanzin avait envoyés au retour de l'ambassade du religieux. Ces cadeaux devaient servir également à sceller la réconciliation du roi Toffa avec son terrible cousin.

L'Amiral de Cuverville, soucieux d'utiliser toutes les influences dans l'intérêt de la France, avait fait connaître au Ministre, qu'il était désirable et « même nécessaire que le R. P. Dorgère fît partie de cette mission. »

----

(1) Notes du Père Martin, ancien missionnaire au Dahomey, décédé curé du Brousssan (Var).

Le roi du Dahomey en avait exprimé également le désir d'une façon non équivoque, en s'empressant de lui envoyer son « bâton ». Il avait même demandé, chose inouïe, que les sœurs françaises de Whydah dont il avait entendu vanter le dévouement envers son peuple, l'accompagnassent jusqu'à la capitale. Les autorités Dahoméennes avaient pris à leur charge les frais du voyage [1].

Mais ce double vœu n'eut pas la sanction officielle : le ministère, préoccupé de la question confessionnelle, s'y opposa [2].

Ce fut une maladresse et une faute : car l'ascendant exercé par le missionnaire sur l'esprit du roi, l'amitié que lui portait le *Grand Féticheur*, le cas que les plénipotentiaires dahoméens avaient fait de sa personne dans les palabres de Whydah, tout indiquait que son l'influence était prépondérante. [3]

Les intérêts de la France, bien compris, demandaient donc que cette influence fût mise à contribution. On ne le voulut pas. La

---

(1) Les Contemporains, n° 470. loc. cit. (Le Père Dorgère).
(2) Cf. La " Naïade ", (1890-1892) page 225.
(3) Cf. Edmond Aublet. *La Guerre au Dahomey*, page 67.

peur du cléricalisme fut plus forte que les conseils de la sagesse.

Il en résulta l'incident qu'on va lire et qu'il nous est impossible de passer sous silence, parce qu'il a servi de base à une imputation calomnieuse contre le P. Dorgère.

L'Amiral de Cuverville n'était plus là. Il était parti pour les Antilles après avoir remis, conformément aux ordres du Gouvernement, la direction des affaires à M. Ballot, Résident de France à Porto-Novo (23 Décembre 1890).

***

Avec l'assentiment de ses supérieurs qui escomptaient quelque avantage pour les intérêts religieux au Dahomey, le P. Dorgère résolut d'accéder au désir de Sa Majesté.

Il retourna à Abomey avec trois religieuses. Mais il dut se tenir à l'écart de la mission officielle, au grand étonnement des chefs dahoméens qui, redoutant la colère du roi, s'arrangèrent pour cacher la vérité à ce dernier et pour lui laisser croire qu'il n'y avait qu'une seule mission au lieu de deux.

Il fut de nouveau reçu dans la capitale avec de grands égards.

La sœur Cyrille raconta plus tard que le roi l'avait appelé plusieurs foi « son véritable ami. » Le monarque fit connaître que l'ancien Yévoghan de Whydah avait été puni à cause des mauvais traitements infligés par lui aux otages français : « Je l'avais chargé d'arrêter les Blancs de Whydah, aurait dit Béhanzin, mais non de les martyriser. »

De son côté, la mission militaire française gagna également la capitale avec des caisses pleines de cadeaux.

Elle était composée de quatre officiers dont le chef de bataillon AUDÉOUD ; d'un interprète dahoméen, du nom de Jules ; de quatre envoyés du roi Toffa, accompagnés d'une douzaine de tirailleurs et de soixante porteurs *laris*.

Tous les personnages étaient inconnus des Dahoméens, ou à peu près. C'étaient des hommes nouveaux pour lesquels ceux-ci ne professaient que de la déférence. Aussi la mission fut-elle reçue d'une façon correcte, mais sans aucun enthousiasme.

La valeur médiocre des cadeaux qu'elle apportait et qu'elle dut déballer plusieurs fois devant les Cabécères, fort curieux par tempérament, n'y fut peut-être pas étrangère.

En effet, à part quelques étoffes riches et des bouteilles de vin de champagne, ce que les caisses contenaient n'était même pas convenable.

Il y avait des cannes et des ombrelles de traite, des cigares à dix centimes, des miroirs de foire en carton, des trompettes d'enfant et même jusqu'à des chapelets, formant un mélange bizarre qu'agrémentaient quelques bonnets de coton.[1]

Les représentants de la France ne purent s'empêcher de faire une légère grimace et de se demander comment ces objets de pacotille, dont le choix avait dû être confié à quelque employé subalterne du Ministère des Colonies, avait pu grever le budget d'une somme de trois mille francs, qui était le chiffre de la dépense. C'était se moquer.

Il est difficile de croire que le roi Béhanzin ait été satisfait, en recevant ces présents, de la munificence des Français.

Les cabécères, eux, ne s'y méprirent pas ; et comme ils s'aperçurent en outre que, de ces cadeaux, aucun ne leur était destiné, —

---

(1) La campagne de la « Naïade » (1890-1892) page 281.

car par malheur on les avait oubliés, — ils gardèrent un silence dédaigneux et se mirent à préparer contre les officiers un tour de leur façon.

***

C'est à l'occasion de son nouveau voyage à la capitale du Dahomey, que des pamphlétaires ont accusé le missionnaire d'avoir joué un rôle odieux.

Ils ont prétendu que, *sur ses conseils*, les officiers français avaient comparu devant Béhanzin, « la tête couronnée de feuilles de palmiers en guise de soumission. » L'un d'eux, dans un livre rempli d'erreurs, a légèrement atténué le ridicule de cette légende et écrit qu'ils se présentèrent, « une guirlande de verdure pendue au cou. »

Une accusation aussi grave se détruit par son invraisemblance.

Le patriotisme du P. Dorgère était au-dessus de tout soupçon. Son ardente charité, bien connue de tout le monde, le rendait incapable de faire retomber sur des officiers qui exécutaient une consigne, tout l'odieux de la mesure que, en haut lieu, l'on avait cru devoir prendre contre sa personne par raison confessionnelle.

D'autre part, si ceux-ci avaient eu pareil reproche à formuler contre lui, ils n'auraient pas manqué de le consigner dans le compte-rendu de leur voyage. Or, ni le *Rapport officiel* ni le *Journal de route* qui contient jour par jour les détails les plus minutieux, ne font allusion à ce fait qu'ont seuls raconté quelques écrivains malintentionnés.

Voici, en effet, ce que dit le *Journal* de la mission qui relate l'incident. Nous tenons à reproduire le passage lui-même textuellement pour venger, une fois pour toutes, la mémoire du célèbre missionnaire de cette accusation gratuite et odieuse :

« Dans l'après midi, Cussugan vient nous
« exprimer son désir de voir *un de nos*
« *tirailleurs porter un rameau d'olivier*, pour
« bien montrer à tout le peuple que la paix
« est signée.

« Le commandant, qui a peur de voir là-
« dedans un signe de soumission, s'y refuse
« tout d'abord, mais *les interprètes* nous affir-

« ment que cela n'a point de signification,
« et ils nous traduisent la même réponse
« de la part des *laris*. »

Et c'est tout. Il n'est pas question du
P. Dorgère. [1]

On le voit. La proposition faite au commandant Audéoud éveille d'abord sa méfiance et son premier mouvement est de refuser. Ce symbole n'a t il pas une signification humiliante ? Le Cussugan insiste ; il fait intervenir les interprètes. Ceux ci sont consultés, mais ils s'entendent comme larrons en foire. Ils affirment que le rameau d'olivier n'a aucune signification fâcheuse. Faut il les croire ? Le commandant qui ignore la langue et les usages du pays, discute durant un quart d'heure « et finit par céder devant les promesses réitérées de tout le monde. [2]

En réalité, la mission française a été cyniquement trompée par le Cussugan et trahie par les interprètes noirs, tous à la dévotion

____

(1) Cf. *Journal de l'Ensigne de vaisseau J. d'Ambrières*, attaché à la Mission Audéoud, reproduit dans le beau livre du P. A. de Salinis, *La Marine au Dahomey*, "La Naiade" 1890-1891, contenant plus de 300 illustrations. Paris, Sanard édit. 1901, auquel nous renvoyons le lecteur.

(2) Ibidem, page 279.

de ce dernier. Ce fut la vengeance des Cabécères.

Un seul homme était capable de donner un bon conseil en cette circonstance, de vérifier les traductions faites par les interprètes et de déjouer les roueries du Cussugnan : c'était le P. Dorgère.

Mais cet homme avait été écarté par ordre ministériel ; il n'était pas présent lors des pourparlers. Voilà tout le malheur.

En sorte que les officiers, avertis seulement après leur retour à Porto-Novo, de l'humiliation qu'ils avaient subie, écrivirent au roi une lettre de protestation. Mais il était bien tard.

Tel est cet incident du rameau d'olivier qui a été, on le voit, singulièrement grossi et, de plus, exploité à dessein et mis au compte du missionnaire-patriote par ceux qui ne lui pardonnaient pas le succès éclatant de son ambassade.

Plus tard, nous avons entendu celui-ci formuler des plaintes amères contre cette calomnie inventée de toutes pièces et qui le blessait dans ses sentiments les plus chers. « Il se tenait prêt, disait-il, à faire la lumière complète contre ses détracteurs. »

Nous savons que l'Amiral de Cuverville et de nombreux écrivains ont pris hautement sa défense. Il eut aussi la satisfaction d'être félicité par l'ancien Sous-Secrétaire d'Etat aux colonies[1], qui le reçut à Paris et lui conseilla de ne point tenir compte « des attaques dirigées contre lui par des journaux sans poids, sans caractère, qui ne font rien sur l'opinion. »

*
* *

Cependant le Gouvernement approuva par décret présidentiel du 3 décembre 1891, la Convention du 3 octobre de l'année précédente entre la France et le Dahomey.

Les critiques acerbes dont elle fut l'objet à la tribune du Parlement français et dont toute la presse se fit alors l'écho, expliquent un aussi long retard apporté à cette ratification.

L'arrangement fut aussi particulièrement dénaturé par les Anglais dont la presse coloniale[2] publia les renseignements les plus

---

[1] M. Eugène Etienne.
[2] *The Lagos Weekly Times*, 1890.

malveillants au sujet de notre « action purement défensive » au Dahomey.

En France, parmi les journaux qui approuvèrent sans réserve la conclusion de la paix, le *Temps* rendit hommage à l'action patriotique du P. Dorgère qui était « sans contredit *persona grata* à la capitale du Dahomey. » [1]

Mais, chez nous, l'on regrettait surtout que l'arrangement conclu ne mît point fin d'une façon absolue aux *Sacrifices humains*. [2] En cela, l'on feignait d'ignorer qu'une pareille interdiction ne pouvait guère être imposée à Béhanzin sans une action militaire dont le Ministère ne voulait pas.

Certaines critiques s'adressaient aussi à la clause relative aux *vingt mille francs* que la France allait servir désormais, chaque année, au monarque d'Abomey, en échange du produit des douanes qu'il nous abandonnait à Kotonou.

On avait ici le grand tort d'exagérer la portée de cette redevance et de la qualifier comme on le faisait, de « honteux tribut. »

------

(1) Numéro du 6 octobre 1890.

(2) M. Henri Hervieu, Chambre des députés, séance du 28 novembre 1892. *Officiel* page 2333.

Car nous avions au Sénégal quelque douzaine d'arrangements de ce genre avec de petits rois nègres, et jamais personne n'avait songé à les critiquer. Toffa lui-même touchait une pension de la France, bien qu'il ne valût guère mieux que Béhanzin.

D'autres trouvaient excessif que la France daignât tenir compte du potentat d'Abomey au point de lui envoyer des ambassadeurs, d'échanger des cadeaux, de négocier avec ce roitelet Ils estimaient que Béhanzin était de cette catégorie « de petits souverains avec lesquels on n'avait pas à traiter [I] . »

Il est de fait que trop de longanimité est vite taxé de faiblesse par les souverains des populations noires habitués au respect de la force et peu sensibles aux bons procédés. Mais peut-on reprocher à notre pays cet esprit chevaleresque qu'il tient de son glorieux passé ?

Car la France est toujours, quoi qu'on en dise, « la nation maternelle » dont parle le poète. C'est sa gloire d'avoir de tout temps mis dans ses rapports avec les roitelets de

___

[I] Le Prince d'Arenberg, même séance *Officiel,*, page 2343.

l'Afrique sauvage, une générosité, une patience admirable ; d'avoir consenti à entretenir avec eux des relations diplomatiques et des rapports de courtoisie. Cette différence de traitement la distingue précisément des autres nations coutumières de brutalités qui brisent les résistances, mais n'inspirent aucune fidélité durable.

Et c'est une constatation bizarre de voir que la France, qui n'a plus voulu de roi chez elle, ne cesse d'avoir des égards pour la royauté quand elle la rencontre aux colonies.

**

Mais la longanimité de la France et la modération de ses réclamations ne furent nullement appréciées par Béhanzin et, contrairement aux prévisions du P. Dorgère, la paix avec ce dernier fut de très courte durée.

Nous le verrons par la suite de ce récit.

Il serait injuste d'en faire grief au missionnaire qui l'avait négociée, puisqu'il avait suivi ponctuellement les instructions qui lui avaient été remises ; ou à l'amiral de Cuverville qui n'avait fait qu'exécuter les ordres pacifiques donnés par le Ministre, soit à lui-même, soit à ses prédécesseurs à Porto-Novo [1].

Le roi du Dahomey, — on le sut plus tard, — en traitant avec la France, n'avait cherché qu'à gagner de temps pour se procurer les armes dont il avait besoin ; mais il conservait l'arrière-pensée de tenir pour lettre morte ses engagements.

Il était d'ailleurs parfaitemant au courant des vues politiques du gouvernement [2] et des interpellations auxquelles donnaient lieu, dans le sein du Parlement français, les affaires du Dahomey. Les métis portugais lui traduisaient nos journaux et lui expliquaient, à leur manière, la signification et la portée de nos dissensions intestines.

Il est dès lors aisé de deviner quelle impression — plutôt encourageante pour ses projets belliqueux, — devait produire. dans l'esprit du potentat d'Abomey, la traduction des discours prononcés à cette époque, au

[1] « Terminez votre œuvre par accord même très large, avait prescrit le Ministre. Employez tous moyens, même cadeaux, pour arriver à prompte solution. » Dépêche marine à « Sané » Kotonou, Paris, II mai 1890.

[2] Ministère de Freycinet.

Parlement, par les partisans de la paix à outrance.

On retrouve, non sans surprise, dans le *Journal Officiel* de la République Française où elles s'étalent complaisamment, les théories fort curieuses des adversaires de toute politique de conquête, de toute expansion coloniale.

Nous ne pouvons qu'en donner cette faible analyse :

La France, disait l'un, n'a-t-elle aucune complication à redouter avec les puissances étrangères ? ne craint-elle pas « de rencontrer d'un côté l'Angleterre et de l'autre l'Allemagne ? »[1]

Et comment coloniserait-elle, ajoutait un autre député, puisqu'elle souffre tant de la dépopulation et ne peut envoyer aux colonies « que des fonctionnaires »[2]. ?

Elle n'a donc que faire du protectorat de Porto-Novo « qui ne lui sert absolument à rien. Mieux vaudrait pour elle de s'en aller, en ne conservant que deux points : Whydah

---

[1] M. Camille Dreyfus. Chambre des députés, séance du 10 mai 1890. *Officiel*, page 552.

[2] M. Paul Déroulède, ibid, séance du 28 novembre 1891 page 2335.

et Kotonou, par exemple, comme elle a fait dans l'Inde où *elle ne possède que Karikal, Chandernagor et Pondichéry...* »[1]

Chose curieuse, la proposition, ainsi lancée, d'une évacuation fera son chemin malgré la réponse fort digne du Ministre des Affaires étrangères d'alors[2] et le sage avis de ceux qui craignaient, avec raison, « qu'une autre puissance ne prît la place de la France, si celle ci désertait son poste au Dahomey. »[3]

Elle sera reprise à la veille même de la lutte suprême, c'est-à-dire au moment où Béhanzin ayant violé tous ses engagements, la France n'aura plus à garder aucun ménagement envers lui ; et par l'un de ceux qui, chez nous, ont servi avec tant d'éclat l'idée patriotique !

« Il faut être logique avec soi même, dira-t-il.... Là où nous avons eu tort d'aller, nous aurions tort de rester. »[4]

Mais une virile réponse avait été faite à

I M. Henri Hervieu, même séance, *Officiel*, page 2336.

(2) M. Ribot, Chambre des députés, même séance.

(3) M. l'Amiral Vallon, même séance, page 2330.

(4) M. Paul Déroulède, séance du 7 avril 1892, *Officiel*, page 512.

cette étrange proposition. « L'évacuation, avait dit le Ministre[1], serait une honte, et personne ne pouvait y penser au moment où l'honneur du drapeau était engagé.[2] »

De récents et douloureux souvenirs étaient rappelés, en ces termes, par l'opposition parlementaire dont les conceptions ont été souvent plus heureuses : « Tant que la France n'aura pas reconquis son intégralité, elle devra se garder de gaspiller un seul million et d'envoyer un seul régiment sur des plages aussi lointaines qu'infécondes.[3] »

C'est la trouée des Vosges[4] qui fascinait alors les patriotes et reconnaissons que, malgré son mérite, cette pensée était par trop exclusive.

D'autres opposants ne portaient pas, eux, le débat dans des régions aussi élevées. Ils se montraient hostiles aux colonies, parce qu'au lieu d'être une source de rapports, elles n'étaient « qu'une cause de dépenses,

---

[1] M. Barbey, Ministre de la Marine, séance du 10 mai 1890, *Officiel*, page 752.

[2] MM. Félix Faure et Pierre Alype, même séance.

[3] M. P. de Cassagnac, séance du 7 avril 1892, *Officiel*, page 546.

[4] MM. Bouge et Pichon, séances des 10 mai 1890 et 11 avril 1892.

alors que la situation financière de la France exigeait des économies.[1] »

Par conséquent, c'était folie de rouvrir « l'ère des entreprises coloniales.[2] »

On alla jusqu'à prêter à nos officiers des vues égoïstes et mesquines, en prétendant « que les militaires, même les mieux disposés aux projets pacifiques, n'avaient plus, en arrivant là-bas, qu'une préoccupation : gagner des galons. »[3]

Le beau rêve de la fraternité des peuples ne fut pas oublié. Car notre pays, « né de la Révolution et vivant en République, ne doit pas avoir un idéal de conquêtes, de massacres, de pillages et de vol, mais favoriser de tout son pouvoir la politique qui tend à faire évoluer les peuples vers la justice et la liberté par la solidarité. »[4]

Un député, ancien Ministre des Affaires étrangères, s'il vous plaît, fit même une trouvaille. Il soutint que les traités sur lesquels on s'appuyait, que l'on disait violés

____

(1) M. Jules Gaillard, séance du 11 avril 1892, *Officiel* page 547.

(2) M. Joseph Reinach, même séance.

(3) M. Deloncle, ibid , *Officiel* du 7 avril 1892.

(4) M. Jules Gaillard, déjà cité.

par le monarque dahoméen, pouvaient bien être sans valeur « comme n'ayant pas été soumis au Parlement, conformément à l'article 8 des Lois constitutionnelles. »[1]

Observation fantaisiste qui dut réjouir Béhanzin jusqu'au fond de l'âme lorsqu'il en eut connaissance ! C'était lui donner raison, à lui qui n'avait jamais prétendu autre chose dans ses réponses aux représentants de la France.[2]

On voit quelle variété d'arguments, ces adversaires irréductibles opposaient à toute velléité « d'aventure coloniale. »

Il ne faudrait pas y voir un manque de patriotisme. Au contraire, leur patriotisme était ardent, mais d'un égoïsme absolu. Ils voulaient la France grande et forte, mais seulement sur le continent européen et trouvaient que l'expansion au-dehors n'avait rien à voir avec le relèvement national.

Ils rendaient justice à ceux qui, comme Jules Ferry, voulaient consoler la nation de

____

(1) M. Flourens, ibid., *Officiel* du 10 Mai 1890, page 751.

(2) Cf. P. A, de Salinis. La Campagne du « Sané » 1889-1890, loc. cit page 77. Nous renvoyons le lecteur à ce magistral ouvrage et au *Journal Officiel* de la République Française pour l'histoire de la Politique coloniale de la France à cette époque.

ses pertes continentales par des acquisi-
tions aux colonies[1], mais ils déclaraient
étourdiment que la France ne voulait pas
être consolée par de pareils présents.

*
* *

Néanmoins, malgré cette phraséologie qui
étonne, quand on songe au but élevé qu'il
s'agissait d'atteindre, — *abolition de l'esclavage,
suppression des sacrifices humains,* — on a peine à
croire que cette opposition bruyante ait suffi
pour impressionner l'action gouvermentale
au point de lui inspirer les instructions pacifiques données aux chefs militaires ou
marins.

Car le Ministère était parfaitement libre
d'agir au Dahomey avec plus d'énergie.

La Chambre des députés n'avait elle pas
souligné de ses applaudissements cette
réponse aux pusillanimes : « Quand un
grand pays, comme le nôtre, a reconquis sa
force militaire; quand il a rétabli d'une façon
définitive sa situation financière, il peut

---

[1] M. Paul Déroulède, chambre des députés, séance du **7** avril 1892, *Officiel*, page 512.

faire valoir, s'il le veut, tous ses droits, aussi bien en Europe que dans le monde [1] ».

Mais M. de Freycinet avoua l'année suivante que, — Président du Conseil et Ministre de la guerre, — il s'était renseigné au moyen de documents authentiques sur l'expédition anglaise contre les Achantis, afin de savoir ce que coûterait la marche sur Abomey. « Je ne crois pas me tromper, dit-il, en affirmant à la Chambre qu'une expédition sur Abomey coûterait de 20 à 25 millions. Pour la faire, il faudrait mettre en mouvement 6.000 hommes environ [2] ». Cet effort lui paraissait hors de proportion avec le résultat à atteindre. Nous verrons que ses calculs étaient erronés, puisque la conquête du Dahomey rendue bientôt inévitable, demandera moins de sacrifices.

D'autre part, il était évident que le Gouvernement était gêné par la crainte des interpellations, — conséquence forcée de notre régime parlementaire, — qui obligent à dévoiler tous projets belliqueux, et par

---

[1] M. Eugène Etienne, Sous-Secrétaire d'Etat aux Colonies, ibid , séance du 8 mars 1890. *Officiel*, page 487.

[2] *Journal Officiel*. Chambre des députés, séance du 28 novembre 1891, page 2342.

l'obligation de n'engager, aux termes de la Constitution, aucune dépense, de n'entreprendre aucune expédition sans l'assentiment des deux Chambres.

Ainsi s'expliquent cette politique timorée qui aboutit à une « paix boîteuse », que n'avait pas prévue le P. Dorgère ; ces envois de renforts par petits paquets, ces réponses dilatoires pour dire qu'on n'entendait pas « entreprendre la conquête du Dahomey, mais y faire une politique de sécurité... [1] »

Pour sauver les apparences et respecter la légalité constitutionnelle, on était allé encore plus loin.

Au lendemain même de l'attaque par Béhanzin de nos lignes de Kotonou et des combats que nous avons racontés, on avait laissé dire qu'on ne se battait pas, qu'on allait donner une simple leçon au roi sanguinaire et « faire la police au Dahomey [2] ».

Ah ! ce fameux argument de *l'opération de police* qui permet de tourner la Constitution

---

(1) M. Jamais, Sous-Secrétaire d'Etat aux Colonies, séance du 11 avril 1891. *Officiel*, page 552.

(2) M. Armand Desprès. Séance du 10 mai 1890. *Officiel*, page 755.

et de ne point étaler ses projets en public, d'engager certaines dépenses sans en référer au Parlement ! Il a donné le Tonkin et la Tunisie à la France. Il va être essayé avec succès pour la conquête du Dahomey.

Et lorsque la victoire sera venue consacrer ces entreprises plus ou moins autorisées par le Parlement toujours jaloux de ses prérogatives, et effacer le souvenir des fautes commises, des atermoiements qui paraissaient inexplicables, des affirmations peu sincères ou des mensonges éclatants, le Gouvernement, en présentant la note à payer, demandera *quitus* et le tour sera joué !

La joie d'une nouvelle conquête, les avantages d'une annexion et les lauriers remportés par nos vaillants soldats feront oublier les irrégularités de la procédure. Le patriotisme des représentants de la nation applaudira et, durant cette trêve de tous les partis, les comptes du passé seront liquidés.

CHAPITRE X

La Conquête du Dahomey

Béhanzin viole la Convention du 3 Octobre.—

Il s'arme clandestinement.—

Attaque d'une canonnière française.—

Le colonel Dodds nommé commandant en chef.—

La Guerre.—

Le R. P. Dorgère part en congé pour la France.

Le roi du Dahomey n'attendit pas la ratification de la Convention du 3 octobre pour la violer.

Devant les perfides conseils de son entourage et des agents de l'étranger qui lui persuadaient que, depuis 1870, la France était incapable de faire la guerre, il résolut de n'en tenir aucun compte.

Il laissa donc séjourner ses troupes sur le territoire de Porto-Novo, malgré les prescriptions du traité. Si bien que l'amiral de Cuverville, averti peu avant son départ du golfe du Bénin [1], de la présence prolongée et inexplicable des troupes Dahoméennes, dut faire entendre une protestation énergique.

Le R. P. Dorgère qui avait regagné son centre d'apostolat de Whydah, fut chargé de la remettre au Yévoghan. Son intervention fut couronnée de succès et Béhanzin se résigna, pour un temps, à l'évacuation qui s'imposait.

Il semblait dès lors que l'œuvre d'apaisement allait se poursuivre, quand l'on apprit que le roi du Dahomey avait décidé de s'opposer par la force à la construction du wharf de Kotonou.

Il est probable que les commerçants étrangers, intéressés à empêcher notre pénétration, n'avaient eu nulle peine à le convaincre qu'une fois l'appontement terminé, nous ne tarderions pas à envahir ses Etats.

Puis le bruit se répandit dans le pays que Béhanzin avait réuni tous ses guerriers à

----

[1] Avec la paix signée, le Ministère des Colonies reprit à la Marine la direction des affaires du Dahomey. L'amiral de Cuverville remit alors les pouvoirs de Gouverneur dont il était investi à M. Ballot. résident de France à Porto-Novo, et partit avec la «Naïade» pour Dakar et la Martinique (décembre 1890).

Abomey et qu'il s'apprêtait à entreprendre une expédition dont le but était encore inconnu.

Que s'était-il passé ? On ne tarda pas à être renseigné.

**

Le roi du Dahomey se trouvait, paraît-il, dans une situation assez gênée.

Il avait fait d'importantes commandes d'armes et de munitions qu'il comptait payer avec de la « monnaie humaine ». Mais ayant épuisé ses ressources, il lui était difficile de renoncer au commerce lucratif des esclaves qui lui rapportait 400 francs par tête d'homme et 250 francs par tête de femme.

L'arrivée du *Gallia* en rade de Whydah vint dévoiler les pensées secrètes du potentat noir et démontrer le peu de valeur de ses protestations pacifiques.

Ce paquebot allemand débarqua plusieurs centaines de fusils à répétition avec leurs munitions, des mitrailleuses et quatre canons se chargeant par la culasse, accompagnés, s'il vous plaît, d'instructeurs tudesques.

Il repartit peu après avec la marchandise humaine que lui avait remise Béhanzin, en paiement d'une partie de ses achats, et qui était destinée à repeupler le Caméroun ou à fournir des bras aux entrepreneurs allemands du chemin de fer du Congo belge.

Le Résident de France, informé des agissements de Béhanzin, avertit le Gouvernement que le roi du Dahomey risquait fort de « faire un coup de tête contre nos protégés ».

Cette information ne tarda pas à se réaliser.

Tout-à-coup l'on apprenait que, sans déclaration de guerre, sans provocation aucune, le monarque noir venait de rentrer dans le territoire de Porto-Novo qu'il était en train de razzier pour renouveler sa provision d'esclaves (mars 1892).

C'était une violation manifeste de l'article premier de la Convention du 3 octobre qui lui prescrivait de laisser en paix son cousin Toffa, le protégé de la France.

Il n'y avait plus aucune illusion à garder sur la mauvaise foi, sur la perfidie de Béhanzin.

COMBAT DE DOGBA = Mort du Commandant FAURAX.

Devant cette agression inqualifiable, le Lieutenant-Gouverneur, M. Ballot, décida d'aller en personne au-devant de l'ennemi, espérant l'arrêter par sa seule présence.

Il remonta bravement le fleuve Ouémé sur la canonnière *Topaze*. emmenant avec lui le commandant Audéoud et quelques tirailleurs. Loin d'être intimidés par l'intervention du représentant de la France, les Dahoméens attaquèrent la petite canonnière qui se défendit vaillamment, mais dut battre en retraite avec cinq hommes grièvement blessés.

C'était la guerre. Car la fortune de la France ne pouvait être plus longtemps à la merci d'un despote noir. D'autant qu'elle avait là-bas des rivaux puissants, les Anglais et les Allemands, dont elle risquait de devenir la risée.

D'ailleurs, les factoreries françaises dont la situation était depuis quelque temps intenable, réclamaient aide et protection contre l'insolence de Noirs.[1] Il fallait en finir.

---

[1] Lettre des chefs des Maisons françaises de Whydah au Gouvernement de la République.

**

Le Gouvernement comprit qu'une marche sur Abomey pouvait seule assurer la sécurité de nos possessions du Golfe du Bénin.

C'était ce que demandaient depuis deux ans le capitaine de vaisseau Fournier, le contre-amiral de Cuverville, les Résidents civils et tous les esprits clairvoyants. On sait comment cette grave résolution fut mise à exécution.

Le Parlement vota un simple crédit de trois millions, le Ministère[1] lui ayant déclaré modestement qu'il allait « organiser fortement la défensive et exercer autour de Porto-Novo une action offensive a court rayon ! »

Mais bientôt, revenant sur ses premières dispositions par trop pacifiques, le Gouvernement donnait au Colonel Dodds qu'il avait investi du commandement des troupes, une « entière liberté pour conduire les opérations contre Béhanzin [2] ».

------

[1] Ministère de M. Loubet.

[2] Dépêche de M. Burdeau, Ministre de la Marine, 10 Août 1892.

Ainsi le roi sanguinaire allait être poursuivi, traqué jusque dans sa capitale et même au delà, et mis à jamais hors d'état de nuire à la France et à ses protégés.

*
* *

Dès son arrivée à Porto-Novo, le nouveau commandant en chef ne perdit pas son temps.

Tandis que les troupes lui arrivaient successivement de France, d'Algérie et du Sénégal, il s'empara d'otages Dahoméens, entre autres du médecin du roi, qu'il échangea contre tous les blancs qui se trouvaient encore dans les lignes dahoméennes.

Les sœurs et le P. Dorgère purent sans encombre, quitter de nouveau leur mission de Whydah. Les missionnaires d'Abomey-Calavi et les agents des factoreries Régis et Fabre furent aussi ramenés à Kotonou. Tous les Français furent ainsi mis à l'abri de représailles possibles.

Pendant ce temps l'armée de Béhanzin se concentrait à Allada. Et le roi du Dahomey faisait savoir à M. Ballot, par une lettre pleine de bravade, « qu'il était prêt pour la lutte ».

Peu après, l'on apprenait que les troupes dahoméennes avaient franchi le fleuve Ouémé et campaient à trois jours de marche de Porto-Novo. Allaient-elles prendre l'offensive ? La partie était belle pour Béhanzin, car les renforts de France étaient loin d'être tous arrivés. Il n'en fut rien heureusement. Le roi perdit un temps précieux et, selon son habitude, se mit à converser par correspondance.

Cette fois, il joignait l'insolence à la bravade. Voici un extrait de sa seconde lettre :

« Dahomey, 10 avril 1892.

A Monsieur Ballot, à Porto-Novo,

« Je viens d'être informé que le Gouvernement français a déclaré la guerre au Dahomey et que la chose a été décidée par la Chambre de France. Je vous préviens que vous pouvez commencer sur tous les points que vous voulez et que moi-même je ferai de même...

« La première fois je ne savais pas faire la guerre.

Mais maintenant je sais. J'ai tant d'hommes qu'on dirait des vers qui sortent des trous.

« Je suis le roi des noirs et les blancs n'ont rien à voir à ce que je fais...

« Veuillez rester tranquille, faire votre commerce à Porto-Novo, comme cela nous resterons toujours en paix comme auparavant...

BÉHANZIN,
roi du Dahomey.

On prévoyait que l'on n'aurait pas à faire à un adversaire négligeable.

Suivant les avis donnés par les espions, l'armée dahoméenne pouvait comprendre de 12 à 15.000 hommes ou amazones, dont 8000 armés de carabines Winchester et de fusils chassepot, avec une douzaine de canons ou mitrailleuses. Le restant n'avait que des fusils à pierre ou à capsule.

Fort heureusement les soldats ne savaient qu'imparfaitement se servir de leur armement perfectionné.

Ajoutons qu'au moment des évènements que nous allons raconter, la famine et la misère étaient extrêmes au Dahomey, ce qui empêcha Béhanzin de mettre en ligne un nombre plus considérable de combattants.

**

** **

Le 12 Septembre 1892, la concentration
étant terminée, le corps expéditionnaire
quitte Porto-Novo et commence sa marche
en avant.

Il comprenait 3.450 hommes, légion
étrangère et tirailleurs Sénégalais, infanterie de marine et génie ; une batterie de 80 de
montagne et deux escadrons de spahis
Sénégalais ; plus 5.000 porteurs Toffanis ou
sujets du roi Toffa. Le Colonel Dodds avait
renoncé à grossir sa petite armée au moyen
d'auxiliaires pris dans ce peuple de poltrons
que son roi dénommait avec tant de raison
« un troupeau de poules. »

La colonne suit d'abord la ligne du fleuve
Ouémé et s'avance par échelons dans l'intérieur en occupant Fanvié. Les troupes
longent la rive gauche du fleuve par étapes,
tandis que quatre canonnières à faible tirant
d'eau assurent le ravitaillement [1].

Le restant de la flotille fait le blocus des
côtes, afin de tenir à l'écart tous fournis-

____

[1] C'étaient l'*Emeraude*, la *Topaze*, le *Corail* et l'*Opale*
sous le commandement du lieutenant de vaisseau de **Fésigny**.

seurs, tudesques ou autres, empressés à ravitailler Béhanzin.

Du 13 au 14, aucun incident ne se produit. La marche est très lente ; il faut constamment débroussailler pour avancer dans ce pays où les routes n'existent pas et où un enchevêtrement continuel de grands végétaux et de lianes tortueuses côtoie des sentiers à peine indiqués.

La nuit, alertes continuelles provenant des mouvements désordonnés qu'exécutent dans les palmiers de gros singes étonnés de voir tant de visiteurs. Aux avant-postes les sentinelles sont énervées et tirent à tout hasard. Le Colonel met alors au rapport que quiconque tirerait sans motif coucherait aux avant-postes, sans armes. Le remède était énergique, la guérison fut radicale.

Aucune trace de l'ennemi. Béhanzin semble vouloir rester inactif et laisser pénétrer les Français chez lui sans opposer de résistance. En réalité, il préparait une surprise qui faillit amener chez les nôtres un désastre.

Le corps expéditionnaire campait alors devant le village de *Dogba*, déjà célèbre par la combat qu'y avait livré le Colonel Terrillon.

Le 19, à l'aurore, 4.000 Dahoméens se jettent sur les petits postes qui couvrent nos soldats endormis, les bousculent et sans tirer un coup de fusil foncent sur le camp français avec des hurlements épouvantables.

Dans la faible clarté d'une aube à peine naissante, nos soldats qui se mesuraient avec l'ennemi pour la première fois, n'entendaient que les cris : *Koïa ! Koïa !* (En avant ! En avant !) *Dahomé ! Dahomé !* (Voici le Dahomey.)

La surprise était générale. 300 hommes ont tout juste le temps de courir aux armes et de se former en carré pour recevoir les terribles noirs.

Après quatre heures d'un feu très nourri, — distance maxima 50 mètres — et plusieurs corps à corps, les Dahoméens fauchés par les balles du fusil Lebel se retirent laissant 1.800 des leurs sur le terrain. Il fallut incinérer leurs cadavres.

De notre côté, nous avions fait des pertes sensibles, entr'autres celle du brave commandant Faurax qui a donné son nom au poste créé depuis à Dogba même et dénommé *Fort Faurax*.

A partir de ce moment, le contact avec les soldats de Béhanzin devient presque quotidien, et l'on peut dire que la marche du corps expéditionnaire, de l'Ouémé à Kana, c'est-à-dire pendant plus d'un mois et demi, n'est en quelque sorte qu'un combat ininterrompu.

Quant aux Dahoméens qui avaient jusque-là attaqué les premiers, ils disputeront le terrain pied-à-pied, luttant avec acharnement, et ne se retireront devant les Français qu'après avoir éprouvé des pertes énormes [1].

Nous ne croyons pas trop nous écarter de notre récit, en rappelant les principaux faits d'armes de cette campagne glorieuse.

D'ailleurs la personnalité de Béhanzin a tenu une si grande place dans l'existence du P. Dorgère au Dahomey, qu'après avoir

---

(1) Cf. Abbé Bornot *Héros et Epopées*. (Souvenir du porte-fanion du général Dodds), page 30.
Nos sources pour la relation de la campagne sont aussi J. Fonssagrives. *Notice sur le Dahomey*; A. d'Albecca. *Au Dahomey*; G. François, *Notre Colonie du Dahomey*, Paris, Larose, éditeur, 1906; et le *Journal Officiel* de la République française.

montré le célèbre monarque dans toute la splendeur de sa puissance, après avoir fait le récit de ses fautes et dépeint son « esprit de vertige et d'erreur » qui faisait présager sa chute prochaine, il nous a paru nécessaire de raconter les évènements historiques qui marquèrent sa ruine définitive et la perte de son royaume.

*
* *

Le 27, la colonne française arrive à Zou-nou et y bivouaque. Aucun incident.

Le chef du pays se rallie à notre cause et donne des renseignements précieux sur la répartition des troupes du roi du Dahomey. L'ennemi, raconte-t-il, compte rester sur la défensive et creuse des tranchées-abris, toutes les routes sont gardées ; derrière chaque arbre est posté un guerrier.

Le 4 octobre, après diverses escar-mouches, les Français se heurtent, en avant du village de Poguessa, au corps des Amazones, qui sont armées de mousquetons à répétition. Ces farouches guerrières sont enfouies dans des trous et recouvertes d'herbes, ce qui leur permet de viser tout à leur aise. Néanmoins on voit qu'elles se servent de leurs armes d'une façon inexpérimentée.

Leur résistance est acharnée. Le combat dure de six heures du matin à trois heures du soir et se termine par la destruction à peu près complète de ces terribles furies, à la suite d'un corps à corps sanglant, durant lequel nos officiers supérieurs doivent faire usage de leur révolver. Luttant comme de véritables bêtes féroces, les Amazones se font tuer jusqu'à la dernière plutôt que de se laisser prendre vivantes.

On ne peut que s'incliner devant la bravoure indomptable de ces héroïques gardes du corps du monarque. Elles aussi avaient montré qu'elles savaient « mourir sans se rendre. »

Après le combat, on trouva, à peu près vides, les litres de gin [1] qu'on leur avait donnés à boire.

L'avant-veille, deux canonnières le *Corail* et l'*Opale* ayant voulu remonter le fleuve en

---

[1] Liqueur fermentée du pays.

avant-garde, avaient été criblées de projectiles par les Dahoméens tirant à l'abri de la rive.

* * *

Le 9, le corps expéditionnaire quitte la ligne du fleuve Ouémé qui n'est plus navigable et qu'il doit traverser, pour prendre vers l'Ouest le chemin de la capitale du Dahomey.

Nouveaux combats les 12, 13 et 14 dans la lagune de Koto et prise du village d'Akpa.

L'ennemi fait le vide devant les Français, comble les sources et détruit les plantations. Il attend les nôtres de pied ferme autour des sources de Koto, derrière des tranchées édifiées à l'européenne.

La colonne, qui souffrait de la soif et subissait 52 degrés à l'ombre, marche résolument vers lui.

La légion étrangère arrive la première et se précipite bravement sur les tranchées, croyant s'emparer facilement des sources. Mais mitraillée de tous côtés, elle est obligée de se replier avec 80 blessés. Le soir arrive.

Elle bivouaque sur place. Le lendemain les Dahoméens prennent l'offensive et attaquent hardiment, au petit jour, le camp où viennent heureusement d'arriver les escadrons avec des munitions.

L'ennemi est repoussé, mais le capitaine Marmet est tué dans sa tente par une balle perdue (15 octobre).

Impossible de déloger les Dahoméens. Il faut en prendre son parti. Le colonel n'hésite pas un instant et décide de retourner au camp d'Akpa pour se ravitailler et se reformer.

Nos soldats se résignent donc à abandonner cet endroit maudit qu'ils avaient dénommé le *camp de la soif.*

A ce moment, le corps expéditionnaire réduit par le feu, la maladie et les postes de l'arrière, comptait à peine 1200 hommes de troupes, 2000 porteurs et 200 chevaux et mulets. Les ravitaillements devenaient de plus en plus difficiles, la ligne d'étape s'allongeait et les porteurs fondaient à vue d'œil.

Durant cette retraite sur Akpa, on vit des actes de dévouement admirables, notamment

pour le transport des 164 blessés et malades
de la colonne. Ceux-ci furent sauvés par les
légionnaires qui, sans même attendre les
ordres, s'emparèrent des brancards et char-
gèrent tous les blessés sous un soleil de
feu, transportant non seulement les blancs,
mais les tirailleurs Sénégalais et des paquets
de Toffanis, donnant ainsi aux indigènes
ignorants et veules un éclatant exemple
d'abnégation et d'héroïsme. La légion étrangère fut citée à l'ordre du jour.

*
* *

Le 27 octobre, la marche en avant recom-
mence, malgré Béhanzin qui harcèle sans
cesse la colonne et met en ligne tous ses
canons. Fort heureusement les obus que
les Allemands lui ont liquidés, sont peu
dangereux, car la plupart n'éclatent pas.

Kotopa, entouré de murs de huit mètres
de hauteur sur deux d'épaisseur, est pris
sans trop de peine et les sources de Koto
sont enlevées, cette fois, d'assaut par les
Sénégalais.

Repos bien gagné. Tout le monde peut enfin boire à sa soif.

Le 3 novembre, prise de OUAKOU. L'ennemi est délogé par notre artillerie, après nous avoir fait éprouver des pertes sérieuses. Il se retire, mais s'arrête à 2 kilomètres, met une de ses pièces en batterie et envoie un boulet en plein bivouac, tuant le lieutenant Mercier.

Le lendemain a lieu à YOKONÉ, près KANA, le dernier combat, le plus meurtrier de la campagne pour nos soldats.

Ce jour-là Béhanzin joue son va-tout. Il met en ligne sa dernière ressource, 800 chasseurs d'éléphants, tous tireurs remarquables, armés de Winchester à répétition. Ce sont les plus beaux hommes du royaume. On les reconnaît à leurs bonnets rouges, ornés de colimaçons dorés, et à leurs casaques jaunes, sans manche.

La lutte est acharnée. La compagnie du capitaine Drude emporte le village d'assaut. Cent des nôtres restent sur le champ de bataille.

Nos soldats harassés marchaient alors comme dans un rêve et se battaient pour ainsi dire automatiquement. Il n'y avait plus de chants, plus de gaité. C'était la lutte âpre pour atteindre le but final : Abomey.

Et l'on manquait presque totalement de porteurs, car depuis l'entrée sur les terrains fétiches, les Toffanis superstitieux s'égrenaient de tous côtés, ce qui n'était pas fait pour faciliter la marche.

* *

Le lendemain, Béhanzin envoie des parlementaires et demande à traiter.

Il consent à livrer KANA, la ville sainte, dont on exige la reddition. C'est un coup terrible porté à son prestige.

Le 6, les pourparlers commencent, tandis que nos soldats prennent un peu de repos et visitent Kana et le *Palais des sacrifices humains.*

Le roi du Dahomey se rendait parfaitement compte que, s'il pouvait arrêter là nos troupes, il lui serait facile de dire ensuite que les Français avaient réculé devant lui. Il multipliait donc ses offres : otages, armes, canons, énorme indemnité

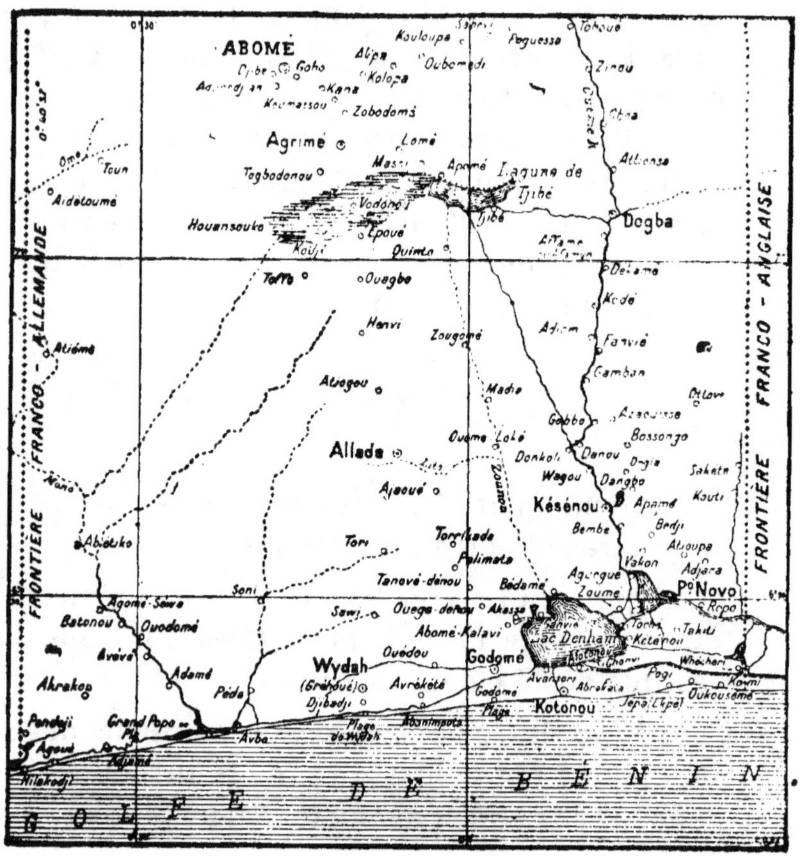

CARTE DU DAHOMEY

de guerre. Il se disait prêt à tout donner, même ce qu'il ne possédait pas. Car il a été prouvé depuis que les fameux trésors d'Abomey n'existaient que dans l'imagination des indigènes.

Mais, après quelques jours de palabres interminables, le commandant en chef (qui venait d'être nommé général de brigade), impatienté et craignant un piège, lève le camp et marche sur ABOMEY. Il trouve la capitale en flammes (17 Novembre).

Béhanzin n'avait pas perdu son temps. Avec ses derniers fidèles et les débris de son corps d'amazones, il s'était retiré plus avant dans l'intérieur, hors de l'atteinte de nos soldats.

La campagne qui avait illustré le général Dodds, était terminée. Elle donnait le Dahomey à la France.

Il fut procédé immédiatement à l'organisation intérieure de la nouvelle conquête. Le territoire fut divisé en deux provinces qui comprenaient les deux anciens royaumes, autrefois indépendants, d'Allada et d'Abomey. Une ère de paix et de tranquilité commença pour le peuple dahoméen qui avait vécu jusque là dans une terreur perpétuelle, et une insécurité absolue. Il ne tarda pas à en apprécier les bienfaits.

Le roi BÉHANZIN AHY-DJÉRÉ fut déclaré déchu de son trône (3 décembre 1892), en attendant sa capture qui n'eut lieu qu'au commencement de l'année 1894 [1].

Le corps expéditionnaire rentra à Porto-Novo où on lui fit de grandes fêtes et une réception enthousiaste. Il laissait deux colonnes mobiles pour recevoir la soumission des villages.

Du 12 septembre au 17 novembre, il avait

---

[1] Béhanzin s'était retiré à Atchéribé, chez les Mahis, à deux jours de marche au Nord d'Abomey. Il vivait là dans une clairière située au centre d'une épaisse forêt, sous la garde de ses dernières Amazones, entouré de Candido et des autres Métis brésiliens, ses perfides conseillers qui avaient suivi de gré ou de force sa fortune et avaient été en grande partie les artisans de ses malheurs. De là il fit plusieurs propositions de paix, promettant de ne plus faire la guerre à la France, si on l'autorisait à rentrer à Abomey. On lui répondit de se rendre sans condition.

La situation du fugitif était précaire. Mal vu, au Nord, des Mahis qu'il avait si souvent razziés, il se trouvait traqué sur ses flancs et au Midi par nos colonnes.

Petit à petit, ses derniers serviteurs l'abandonnèrent ; son artillerie qu'il avait réussi à sauver, tomba entre nos mains ; les princes de sa famille se rendirent au général Dodds, et avec eux le prudent Candido Rodriguez.

Enfin le roi fut pris par nos soldats, après une véritable chasse à l'homme, à Yégo, dans le Couffo, Nord-Est d'Abomey, (25 janvier 1894). On l'amena à Goho et de là à Kotonou où il fut embarqué pour Dakar et la Martinique.

Pendant ce temps, ses anciens Ministres et les Cabécères de Whydah étaient envoyés prisonniers au Gabon, ainsi que Carvalho et les autres mulâtres qui avaient joué un rôle louche dans les conseils du monarque et lui avaient servi d'artilleurs durant la campagne.

Béhanzin résida 12 ans à la Martinique où il ne put jamais se consoler de son bannissement, malgré la présence de son fils Ouanilo et de deux de ses femmes. A force d'instances, il obtint du gouvernement la faveur de résider sur le sol africain, à Blidah. Là son incurable nostalgie continuant à le ronger, il fut invité à se rendre à Alger pour y recevoir des soins particuliers mais tardifs.

Il alla s'éteindre obscurément dans un hôtel de cette ville le 10 décembre 1906.

livré 17 combats, sans compter les escar-
mouches, durant lesquels 10 officiers avaient
été tués, 25 blessés, 670 soldats tués et 436
blessés, non compris 173 Européens morts
de maladies et les porteurs, ces humbles
Toffanis. qui étaient tombés par milliers.

On voit combien la lutte avait été vive.

La France pouvait être fière de ses
soldats. Il fut créé pour eux une médaille
commémorative de l'expédition, conforme
pour le module et la face, à celle du Tonkin,
avec au revers le mot Dahomey, et retenue
par un ruban à petites raies verticales, noir
et jonquille alternés.

Enfin une enquête fut ouverte contre les
maisons allemandes convaincues d'avoir,
au mépris de l'Acte général de Bruxelles,
vendu à Béhanzin des armes à tir rapide et
même de l'artillerie; et les faits étant établis,
le général Dodds fit fermer divers comptoirs
des maisons de Hambourg et expulser de
Whydah leurs agents commerciaux et politiques.

*
* *

Durant cette rapide campagne de moins
de trois mois. qui suivit de si près les
évènements diplomatiques auxquels le R. P.

Dorgère avait été mêlé, celui-ci n'était plus au Dahomey.

N'ayant point été attaché, comme aumônier, au corps expéditionnaire, il n'avait pu espérer rendre aucun service à nos soldats. [1]

Atteint déjà des misères physiologiques réservées par l'Afrique à tous les pionniers qui se consacrent à son évangélisation, le missionnaire était venu se reposer en France, d'où il avait suivi, avec l'attention qu'on devine, les péripéties de cette marche glorieuse et avait applaudi au succès de nos armes.

Nous allons l'y retrouver.

------

[1] M. l'abbé Vathelet, aumônier de la Marine, avait été désigné pour suivre la petite armée du général Dodds.

CHAPITRE XI

Nouvel Apostolat

Séjour en France. — Le R. P. Dorgère conférencier.
— Lauréat de la Société Géographique. —
Nouveau départ. — Topli et Athiémé.
— La mort d'un ami.

En attendant le retour de la paix et les avantages que faisait présager, au Dahomey, la conquête française, le R. P. Dorgère était venu à Nantes, son pays natal, prendre quelque repos. Ses amis l'y revirent avec joie.

Mais une fois le pied en France, adieu le repos espéré !

De toutes parts, on réclama le célébre missionnaire ; et comme il ne demandait qu'à faire plaisir, il ne sut rien refuser.

Les plus humbles églises de campagne, aussi bien que les cathédrales de nos grandes villes, retentirent du récit, palpitant d'intérêt, de ses exploits sur la terre d'Afrique, dont la presse s'était faite déjà en partie l'écho.

Et il ne borna pas ses conférences à la région de l'Ouest ; il vint jusque dans notre Midi fournir aux auditeurs avides de l'entendre, les renseignements les plus variés et les plus curieux sur le mystérieux Dahomey.

Lors de son passage à Marseille, il intéressa grandement un public considérable réuni au théâtre Valette, par la narration de sa périlleuse ambassade auprès de Béhanzin.

« Cette conférence, dit un journal méridional [1], valut à son auteur une réception enthousiaste et les applaudissements chaleureux de nos compatriotes, qui ne savaient ce qu'ils devaient admirer le plus, du patriotisme du Français, du dévouement de l'apôtre ou de la modestie et de la simplicité du héros. Ce fut un vrai triomphe. »

Et il n'y avait pas que les foules à accueillir ainsi le P. Dorgère : les plus grands personnages, les corps savants, les communautés désirèrent entendre de sa bouche la relation de sa captivité et de ses hauts faits.

---

[1] La Croix de Provence, 1892.

Le Nonce du Pape à Paris et plusieurs Evêques français voulurent avoir un entretien avec lui.

La *Société de Géographie de France* l'invita à donner une conférence sur le Dahomey, alors d'autant plus à l'ordre du jour que la campagne du général Dodds battait son plein. Déjà aux premières nouvelles des exploits du P. Dorgère, elle lui avait voté un prix de *dix mille francs* dont ce dernier refusa de disposer pour sa Mission particulière et qu'il versa à l'œuvre générale des *Missions Africaines*.

Cette existence de conférencier interrompue par quelques courtes apparitions près de la bonne maman et ses amis de Nantes, dura une année (1). Elle consacra la réputation du missionnaire patriote et justifia la récompense nationale que le Gouvernement de la République lui avait décernée en le décorant de la Légion d'honneur.

*
* *

Mais l'infatigable religieux ne tarda pas à repartir pour l'Afrique.

____

(1) Abbé Dubois dans la *Semaine religieuse* de Nantes, 17 mars 1900.

Vers le milieu de juillet 1893, il était de retour à Agoué et s'établissait à Topli sur le fleuve Mono, dans un pays désormais ruiné et où il rêvait de ramener l'abondance en créant une ferme école et un orphelinat agricole.

« Me voici à Topli, écrit-il, dans une hutte sans porte ni fenêtre. La ferme est commencée, sans argent, sans subvention.

« Avec la grâce de Dieu, tout ira bien. Je me trouve le plus heureux du monde, au milieu de mes sauvages.

« D'ailleurs, pas le temps de s'ennuyer ! En ce moment le P. Martin et moi travaillons d'arrache-pied à fabriquer les meubles indispensables. Il nous faut être forgerons, menuisiers, charpentiers, lessiveurs et tailleurs. Dans quelques jours, nous serons bûcherons et, à la petite saison des pluies, nous deviendrons cultivateurs. En tout temps, nous sommes maîtres d'école, caté-chistes, médecins des corps et des âmes. »

Comme nourriture, pas de pain, encore moins de vin, mais du maïs grillé, avec du poisson de temps en temps, « ce maïs qu'il trouvait aussi délicieux que les châtaignes rôties. »

**
*

La vie à Topli était donc pénible. l'installation des plus rudimentaires.

Si bien que le Gouverneur, M. Ballot, en tournée dans le Dahomey Occidental avec les colonnes françaises qui sillonnaient alors le pays, s'étant arrêté dans la misérable case où logeait le religieux, ne put s'empêcher de dire à son entourage :

« Est-il possible de voir un homme comme le P. Dorgère vivre si misérablement ! »[1]

C'est par des débuts aussi pénibles, qui font sur l'indigène une grande impression, que le missionnaire prélude à ses succès futurs. Le noir n'est pas peu surpris de le voir vivre la même vie que lui, se livrer aux mêmes durs travaux, subir les mêmes privations. Peu à peu s'établit entre ces deux hommes, de condition et de race si différentes, un courant sympathique très favorable, chez le barbare, aux transformations morales, au relèvement intellectuel qui feront la joie du pionnier catholique et seront la récompense de son inlassable labeur.

---

[1] Notes du P. Martin, sur le R. P. Dorgère.

Cette méthode d'apostolat, vieille de plusieurs siècles, qui consiste à dompter par la persuasion les natures ingrates et grossières des Noirs, vient d'être soulignée d'une façon piquante dans un livre tout d'actualité. Son auteur retourne d'une mission officielle en Indo-Chine, puis dans l'Ouest Africain dont l'avait chargé le Ministère des Colonies. Il juge sans préjugés, prétend-il, les bienfaits de la colcnisation française et ajoute :

« Un ouvrier, l'homme du peuple instruirait mieux les Noirs de ce qu'ils peuvent assimiler de nos connaissances pratiques, qu'un Normalien primaire, pédant et rétréci, sectaire par surcroît. Car aux colonies, administrer, c'est d'abord *sympathiser*. » [1]

Dans sa conclusion inattendue et sans doute un peu dure, l'enquêteur ne vante-t-il pas ainsi, sous une forme détournée, les mérites de cette catégorie d' « ouvriers », fils du peuple également, qu'il a dû rencontrer aux Colonies, leur bréviaire sous le bras, franchissant les rivières ou s'enfonçant dans les forêts mystérieuses, et s'en allant

---

[1] *L'Afrique Occidentale française* par G. Deherme fondateur de la première Université populaire de Paris. (Bloud éditeur, 1908.)

forcer la « sympathie » du barbare noir, par l'exemple d'une vie de labeur, de privations et de dévouement ?

Le P. Dorgère était de ceux-là.

*
* *

La résistance rencontrée chez les indigènes de Topli par le P. Dorgère dans sa prédication de l'Evangile, nécessita de sa part une patience et une ténacité particulières.

On sait que la polygamie est le grand obstacle à la conversion des Noirs.

Tant que le Père exposait les principes élémentaires de la Religion, les auditeurs, groupés autour de lui ou assis par terre, écoutaient en silence.

Mais quand il arrivait au précepte délicat entre tous qui « interdit à l'homme d'avoir plusieurs femmes », alors c'étaient des exclamations, des rires, des grattements de tête qui traduisaient admirablement le *durus est hic sermo*.

Puis venait l'attachement au Fétichisme qui paraissait indéracinable, chaque Noir ayant naturellement sucé, avec le lait maternel, ce penchant particulier pour la religion des ancêtres.

Mais les difficultés rencontrées ne s'arrêtaient pas là.

En général, l'école constitue l'aide précieuse, indispensable de la prédication.

A Topli, au contraire, les gens du pays manifestaient une répugnance visible pour l'école.

« Si nos enfants s'instruisent, disaient-ils, ils ne voudront plus cultiver la terre et nous abandonneront pour courir les grandes villes de la côte. »

— Cela ne se voit pas qu'au Dahomey, ajoute avec à-propos le P. Martin, après avoir cité ce détail. [1]

Malgré les difficultés de la situation, le R. P. Dorgère réussit peu à peu à s'imposer aux indigènes et à étendre son influence aux alentours de Topli. Et cette influence devint bientôt si grande, si française même que les Allemands, nos voisins du Togoland, s'en émurent.

* *

De toutes les puissances Européennes, l'Allemagne était la dernière venue dans le Golfe du Bénin.

____

(1) Notes du P. Martin, loc. cit

En 1883, elle avait établi son protectorat sur une bande de territoire de la colonie de Togo, malgré le roi du Dahomey qui en réclamait la suzeraineté.

Deux ans plus tard, elle avait obtenu de la France l'abandon de Porto-Séguro et du Petit-Popo.

Cette cession, il est vrai, ne s'était pas faite sans soulever les protestations des missionnaires français établis depuis longtemps dans ces parages. Bien avant l'occupation de Togo, ceux-ci n'avaient pas manqué de signaler à Paris les entreprises ambitieuses de cette puissance. Ils avaient fait connaître également l'inébranlable fidélité du chef du pays, qui avait répondu au consul allemand venu pour l'intimider :

« Tu peux me couper les mains. Jamais je ne signerai rien contre la France à laquelle je me suis donné avec tout mon peuple.[1] »

Malgré la désolation de nos compatriotes et ce touchant témoignage d'attachement des indigènes, le Gouvernement crut devoir consommer la séparation de Togo d'avec le Dahomey.[2]

---

[1] Lettre du P. Ménager des Missions Africaines, 7 Mars 1885.
[2] Arrangement entre la France et l'Allemagne, 24 décembre 1885.

En sorte qu'après la signature d'un arrangement semblable entre la France et l'Angleterre (10 août 1889), abandonnant à celle-ci tout le territoire de Lagos, le Dahomey n'aura plus que des frontières en ligne droite qui formeront de ce vaste pays, un long couloir fermé à l'Est par l'Angleterre (Lagos) et à l'Ouest par l'Allemagne (Togo).

Les agents de cette dernière n'avaient pas vu d'un très bon œil l'installation du P. Dorgère à Topli et le développement de son apostolat à quelques kilomètres de la région soumise à leur influence.

Ils s'efforcèrent de lui susciter toutes sortes de difficultés, ameutant contre lui les féticheurs et faisant le vide autour de son école.

Puis, se démasquant, ils revendiquèrent Topli comme territoire allemand, bien qu'il fût en deça de la frontière occidentale du Dahomey et par conséquent, dans la partie devant indubitablement appartenir à la France.

Le P. Dorgère était trop prudent pour soulever un incident, pour créer une *histoire* à son gouvernement qui, d'ailleurs, ne l'aurait pas soutenu.

Il se retira, écrit-il alors, « sous le coup d'une poignante émotion, » à ATHIÉMÉ, en territoire certainement français.

* *

Là, il lui fallut tout recommencer, prendre contact avec les indigènes et organiser la nouvelle Mission.

Heureusement les débuts furent pleins d'espérance, car le terrain était mieux préparé, les commerçants noirs comprenant les avantages de l'instruction pour eux-mêmes et pour leurs enfants.

Une école de garçons fut immédiatement ouverte ; plus tard, une autre s'ouvrit pour les filles.

Mais cela n'alla pas tout seul, à cause du mauvais vouloir de l'administration.

Le jour de l'ouverture, en effet, un Résident de France se présenta au Père pour lui demander s'il avait son *autorisation* et, sur sa réponse négative, lui fit fermer l'école.[1]

Le missionnaire comprit, dès ce moment, que l'ancienne hostilité des autorités dahoméennes abattue par les armes françaises,

____

[1] Les Contemporains, N° 470, loc. cit.

Photographie BAUDOUIN, Marseille.

**S. M. BÉHANZIN, deux de ses femmes
et son fils OUANILO
à leur passage à Marseille.**

serait désormais remplacée par les tracasseries administratives exportées de la métropole.

Il écrivit alors tristement :

« Nous en arriverons peut-être à regretter Béhanzin ! Depuis ce matin, je suis en course pour essayer d'arracher à la mort un jeune homme empoisonné par les féticheurs. Cela se pratique ici couramment. L'autorité n'intervient pas.

« Mais qu'un de mes catéchistes loue une maison et réunisse plus de cinq petits sauvages : Allez, à la porte ! de plus, où est votre autorisation ? — Belle chose que le protectorat ! »

Le P. Lecron, Préfet Apostolique, immédiatement informé, en référa à Porto Novo. et M. Ballot, Gouverneur, qui s'était montré toujours bienveillant à l'égard des missionnaires, consentit à prendre un arrêté autorisant le P. Dorgère à ouvrir des écoles où bon lui semblerait.

Cette hostilité de l'administration qui n'était d'ailleurs le fait que d'agents subalternes, nous est expliquée ainsi par le P. Martin :

« A son dernier voyage au Dahomey, le P. Dorgère descendait un jour à Kotonou. A peine est-il débarqué que les administrateurs français s'inquiètent de son arrivée et se demandent s'il avait une mission secrète. Sa présence les avait effrayés.

— « Vous en voulez donc bien au P. Dorgère, disais-je un jour à un Résident ?

— « Voilà, me répondit-il, ce missionnaire n'aurait pas dû accepter l'ambassade auprès de Béhanzin. Ce n'était pas l'affaire d'un « curé ». Un jeune officier aurait été heureux de gagner à sa place cette Croix de la Légion d'honneur. [1] »

On voit par là que certaines intrigues et jalousies qui foisonnent dans la métropole, fleurissent aussi dans nos colonies.

Assurément le P. Dorgère ne s'était pas douté que sa mission dangereuse et patriotique, auprès du monarque d'Abomey, lui susciterait plus tard de tels ennemis.

***

L'œuvre à la fois si généreuse et si française des missionnaires est trop souvent incomprise chez nous où sévit d'une manière

____

[1] Notes du P. Martin, ibid.

intense la fâcheuse manie de tout subordonner à la question confessionnelle.

Pourtant l'expérience proclame l'efficacité de leur apostolat et l'utilité de leur enseignement. Le témoignage de ceux qui ont vu leurs travaux, est unanime à leur égard.

« Essentiellement françaises, a écrit l'Amiral Aube, les Missions catholiques sont l'expression supérieure de l'influence de notre patrie.[1] »

Nos rivaux eux-mêmes confessent la supériorité de leur action pacifique.

« Si l'Afrique peut être conquise, c'est par les missionnaires catholiques qu'elle le sera ! » disait Sir Marschal, gouverneur de Lagos.[2]

Nous pourrions multiplier ces citations élogieuses. Arrêtons-nous au témoignage impartial d'un ancien Ministre, peu suspect de complaisance cléricale, M. Constans, ambassadeur de France à Constantinople :

« Nos religieux, disait-il, sont désintéressés et courageux jusqu'à l'héroïsme. Avec

---

(1) Cf. Amiral Aube. *Entre deux Campagnes.*
(2) Cf. *Le Dahomey,* par le Commandant Grandin.

quelques centaines de francs reçus chaque année, ils font des prodiges ! Et en même temps qu'ils font œuvre de prosélytisme religieux, ils s'appliquent à faire connaître et aimer la France.

« Vous êtes peut-être surpris de m'entendre parler de la sorte, mais je rends hommage à la vérité. Je vous dis en toute simplicité et franchise ce que j'ai vu et entendu, ce que j'ai constaté par moi-même.

« Les religieux et les religieuses nous rendent d'immenses services. La France se doit à elle-même de les aider et de les protéger ; le jour où elle les abandonnerait, c'en serait fait de son prestige.[1] »

***

L'organisation de notre nouvelle colonie du Dahomey, dont fut chargé M. Ballot, son premier gouverneur, a mis en évidence les services rendus par les *Missions de Lyon*.

« Au lendemain de la conquête, dit un document officiel, les Missions catholiques

______

[1] Cf. La campagne de la « Naïade » page 14.

ont facilité la tâche de l'administration locale en lui fournissant des jeunes gens sachant lire et écrire le français, qui ont fait de bons interprètes et ont pu remplir immédiatement les emplois inférieurs des postes, de la douane et des maisons de commerce.[1] »

L'administration trouva également parmi les anciens élèves des missionnaires, des ouvriers pour les différents corps de métiers : des charpentiers, des menuisiers, des maçons, des tonneliers, ainsi que des employés de bureaux et des comptables.

« Sur la ligne de chemin de fer créée depuis, de Whydah à Abomey, (à part quatre ou cinq grandes gares sur une quarantaine,) tout le personnel est noir dans les trains comme dans les gares. Ces jeunes gens élevés par les Pères parlent bien le français, savent lire, écrire et compter. »[2]

N'est-ce pas regrettable qu'au lieu d'imiter ses rivales, l'Angleterre, l'Allemagne et l'Italie, la France paraisse faire fi de cet élément précieux de colonisation !

---

(1) J. Fonssagrives, Administrateur colonial. *Notice sur le Dahomey*, pour l'Exposition Universelle de 1900, page 232.

(2) J.-B. Samat, *Notice* (Au Dahomey) pour l'Exposition coloniale de Marseille 1906, page 166.

C'est ce que l'on a vu dans l'Afrique Occidentale française où l'administration locale n'a pas tardé à observer à l'égard des religieux missionnaires une neutralité pas toujours bienveillante, quand il s'est agi d'apprécier leurs écoles qui avaient été cependant la pépinière où elle avait recruté ses premiers auxiliaires. [1]

*
* *

Cependant le R. P. Dorgère ne tarda pas à être assailli par des contradictions et des douleurs autrement graves que les petites tracasseries administratives dont nous avons parlé.

A Athiémé, la mortalité vint bientôt faire rage parmi ses confrères et les religieuses de la Mission qu'il avait si laborieusement édifiée. Lui-même atteint de la fièvre, ne put se soutenir que par un prodige d'énergie.

Le trait suivant donnera une idée de sa volonté.

____

(1) Aug. Rampal. *Notice* (La Guinée française) pour l'Exposition coloniale de Marseille 1906, page 75.

Il venait de passer presque une semaine, soignant jour et nuit un confrère qui se mourrait. La dernière nuit il était seul avec son malade qui ne tarda pas à entrer en agonie. Bien que brisé par la fièvre la plus ardente, il se traîne sur les mains, de la natte où il gisait terrassé, jusqu'au lit du moribond et, mourant lui-même, il commence à donner les derniers sacrements à son confrère. Mais il défaille à son tour et tombe près de celui qu'il administrait.

Combien dura cette syncope ? Il ne put le dire ; mais quand il revint à lui, il se trouva... près d'un cadavre. [1]

Dans ces temps pénibles entre tous, il n'en écrivait pas moins à sa mère :

« Ne vous effrayez pas. Je suis logé dans une case infecte de trois mètres carrés à peine. J'ai été sérieusement malade. Mais aussi, quelle vie je mène depuis deux ans. C'est à ne pas s'en faire une idée ! »

Uu jour vint où une inspiration secrète et particulièrement opportune le poussa à aller revoir le P. Lecron, Préfet Apostolique,

---

[1] Abbé Dubois. (Semaine religieuse de Nantes).

son supérieur, pour lui rendre compte du résultat des efforts dépensés, en lui apportant toute une gerbe de fondations nouvelles.

Il part pour Agoué. Sur la route, des nègres accourent vers lui, disant : « Le bon Père Lecron est au plus mal ! Il va mourir !»

Le P. Dorgère, bouleversé, presse sa marche. Il n'a que le temps d'assister à l'agonie de son meilleur ami, d'entendre ses suprêmes recommandations. (22 Juin 1895).

Quelle perte ! Quel deuil pour le P. Dorgère !

« Mon ami d'enfance, écrit-il alors, mon inséparable compagnon d'armes, mon frère bien aimé n'est plus ! Je ne puis m'habituer à cette séparation. Il y a un vide en moi et autour de moi. »

Le brave qui venait de tomber sur le champ de bataille de l'apostolat, était le quatrième Préfet apostolique établi dans le Golfe du Bénin depuis l'arrivée des *Missions Africaines de Lyon* sur cette côte insalubre [1].

---

(1) Les chefs de Mission au Dahomey furent, depuis 1858, les Pères Borghéro, Chausse, Ménager, Lecron et Bricet. La Préfecture a été érigée, après la conquête, en Vicariat Apostolique. L'Evêque du Dahomey réside aujourd'hui à Whydah où une église a été construite sur l'emplacement même de l'ancienne *Gore* qui avait été témoin de tant d'actes de cruauté.

En mourant il laissait un petit bataillon de huit missionnaires et de neuf Sœurs, établis dans quatre stations principales : AGOUÉ, WHYDAH, ATACPAMÉ et ATHIÉMÉ ; une église, quatre chapelles, cinq écoles fréquentées par quatre cent soixante-cinq élèves ; deux orphelinats, sans parler de deux ateliers de couture et de trois pharmacies[1].

Après cette mort qui l'avait tant affecté, le R. P. Dorgère essaya encore pendant près d'une année de surmonter son chagrin et de réparer ses forces épuisées.

Mais les forces ne revinrent pas.

Brisé par les fièvres qui menaçaient à chaque instant de l'emporter, il se dit à lui-même : « C'est fait ! j'ai défriché la partie de terrain que l'on m'avait confiée, et jeté en terre la semence. D'autres ouvriers viendront faire ensuite la récolte. »

Le vaillant religieux avait évangélisé successivement : TOKPO, AGOUÉ, WHYDAH, KOTONOU, TOPLI et ATHIÉMÉ.

Se voyant ou se croyant inutile là-bas, il se prit à songer à la « douce France », à sa

____

(1) Cf. Louvet. Les Missions catholiques au XIX⁰ siècle.

mère, au climat du Midi qu'il connaissait bien et qui peut-être lui rendrait un peu de vigueur.

Après 14 années d'Afrique, de l'Afrique du Dahomey, il pouvait sans regret prendre sa retraite. Il la demanda, et ses supérieurs, voyant le complet épuisement de sa santé, lui accordèrent de venir se reposer sur la terre de France.

CHAPITRE XII

En France

**A Porquerolles. — Le R. P. Dorgère aumônier militaire.
— Une colonie de fièvreux. —
« Le plus marsouin des curés ». —
Son entrée dans le service paroissial.**

En 1896, le P. Dorgère quittant définitivement l'Afrique « où, disait-il, il n'y avait plus rien à faire pour lui, » rentra en France.

Ses amis de Nantes le revirent avec joie. Mais il ne resta pas longtemps auprès d'eux. Il chercha en effet presque aussitôt à se rapprocher du littoral méditerranéen dont le climat plus doux convenait mieux à sa santé ébranlée.

Le sanatorium de Nice avait été supprimé à la suite de l'expulsion de ses hôtes en 1881. Notre missionnaire séjourna donc quelque temps à la Procure des Missions Africaines à Marseille.

Puis apprenant qu'un de ses anciens confrères, le P. Bozon, occupait le poste de curé de Porquerolles, il se hâta de le rejoindre et de lui demander une hospitalité qui lui fut chaleureusement accordée. Il espérait ainsi, dans le cadre merveilleux de la grande île, baignée par le soleil et la mer bleue, rétablir son pauvre organisme tout secoué de fièvres coloniales.

Il s'y trouva en bonne compagnie.

****

Les Iles d'Hyères, — Porquerolles, Port-Cros et le Levant, ont mérité d'être nommées aussi les *Iles d'Or*.

On sait quel éclat resplendissant elles reflètent aux yeux charmés du spectateur qui, du haut de la terrasse de Saint Paul à Hyères, les contemple dans leur bain de lumière. Rien ne surpasse l'impression admirative qu'inspirent leurs silhouettes luisantes se profilant à quelques encâblures de la côte et dessinant des criques à arêtes vives, des falaises abruptes et des crêtes empanachées de bouquets de pins.

Ces trois sœurs, d'inégale étendue, dont la première surtout est habitée et exploitée, ferment gracieusement l'horizon de la merveilleuse rade des Salins, l'une des plus sûres de la Méditerannée, rendez-vous des escadres d'évolutions et champ d'exercice pour les équipages de notre marine nationale.

Porquerolles, village de pêcheurs, sert de dépôt à tous les convalescents de l'armée coloniale et métropolitaine, casernés à la *batterie du Lion*, dans des baraquements dont l'installation rudimentaire a donné lieu à bien des réclamations contre l'administration de la Guerre.

Son église paroissiale, — une chapelle militaire édifiée par le Génie, — se trouve au pied de la butte qui sert d'assise à cette autre ancienne redoute qu'on nomme le *Château de Ste-Agathe*.

Autour de la Place d'Armes, qui se déploie devant l'église, sont groupés les demeures des habitants et les locaux nécessaires aux divers services de la garnison. Car il y a une garnison composée d'une batterie d'artillerie et d'une compagnie d'infanterie fournies par la place de Toulon.

Ce détachement a pour mission d'assurer l'occupation du *fort de la Repentance* qui constitue l'ouvrage de défense le plus important pour la rade d'Hyères. Sentinelle avancée de la France, celui-ci couronne, à quelque distance de là, l'un des chaînons qui sectionnent l'île dans le sens de sa largeur et montrent leurs flancs inclinés vers la mer sous un manteau de bruyères, de romarins et de pins d'Alep.

Du bourg de Porquerolles, qui fait face au continent, et des hauteurs en pente douce qui l'environnent, le regard est attiré par l'infinie variété des lignes et des couleurs qu'offre cette partie du littoral méditerranéen : le cap Bénat, la baie de Cavalaire et le phare de Camarat au levant, et au couchant Sicié, Saint-Mandrier et la rade de Toulon.

Tout près, les îlots granitiques des Mèdes ressemblent à des spectres aux formes bizarres, tandis que la presqu'île de Giens cercle le Golfe à l'ouest, jusqu'à l'étroit chenal qui la sépare de Porquerolles. Puis l'étang des Pesquiers et, plus loin, la plaine jalonnée de jardins à primeurs et de grandes allées de palmiers, d'orangers et de lauriers-roses, démasquent la cité d'Hyères dont les villas pendent en grappes blanches sur les derniers contreforts des Maurettes.

Panorama grandiose, bien propre à tenter le pinceau de l'artiste, à séduire l'imagination de l'écrivain et du poète !

A Porquerolles, nos soldats malades sont laissés dans le repos le plus absolu. On les voit cherchant à raffermir leurs organes affaiblis au contact de l'haleine tiède qui vivifie la végétation méridionale de ces vallées où croissent le mûrier, le figuier, l'olivier et la vigne ; et, en attendant une guérison qu'escompte leur désir de vivre. ils se traînent lamentablement sur la plage où ils aiment à assister, — unique distraction dans leur existence oisive — à l'arrivée des *Iles d'Or* ou du *Jean d'Agrève*, les deux petits vapeurs qui les visitent trois fois par semaine.

Ces navires apportent de Toulon les provisions et remèdes indispensables et, de temps en temps, de nouveaux convalescents, pris la plupart parmi les épaves de nos régiments coloniaux que ramènent en France les paquebots desservant l'Afrique Occidentale, Madagascar et le Tonkin.

*
* *

C'est dans ce site incomparable, à la température d'une douceur constante, qui ne connait ni la froidure excessive ni les chaleurs accablantes, que M. Costa de Beauregard, se trouvant un jour en promenade à l'île de Porquerolles, rencontra le P. Dorgère.

Nous ne résistons pas au plaisir de faire connaitre sous quel aspect ce dernier lui apparut, en reproduisant la jolie page que le savant Académicien écrivit à cette occasion :

Un homme sans âge, la barbe fauve, les cheveux rares, avec un bout de ruban rouge à sa soutane élimée, se tenait adossé à l'autel. Ce n'était pas le prêtre que je croyais rencontrer.

— Qui donc est celui-là ? demandai-je à mon voisin, un chevronné de l'infanterie de marine.

— Ça, c'est le curé Dorgère, un bon b....., le plus marsouin des curés.

Comme tout le monde, je connaissais l'héroïque odyssée du P. Dorgère au Dahomey ; et ma surprise fut extrême,

Porquerolles — La batterie du Lion et le Fort Ste-Agathe

Cliché Bozon

alors que je le croyais encore là-bas, de le trouver dans cette chapelle perdue au milieu de ces spectres grelottants que le Tonkin et Madagascar renvoyaient par fournées au sanatorium de Porquerolles...

Aussi décharné qu'eux, aussi terreux de visage, avec la même fièvre dans les yeux, dans le geste, le P. Dorgère parlait, parlait, remuant le cœur, le déchirant plutôt de sa voix rauque. Son sermon — en était-ce, un ? — emmêlait les joies du ciel aux souffrances de la terre à ne les plus distinguer. Sa parole s'élançait d'une plaisanterie presque triviale à une envolée sublime, sans transition. Ah ! ce sermon où le soldat et l'apôtre parlaient le même français me restera inoubliable !

Quand il eut fini, le Père s'agenouilla et, la voix brisée, les mains tendues vers une petite statue de la Vierge, il entonna ce cantique :

> Je mets ma confiance,
> Vierge en votre secours...
> Servez-moi de défense...

Alors une voix, dix voix, toutes les voix répondirent :

> Et quand ma dernière heure
> Viendra fixer mon sort,
> Obtenez qne je meure
> De la plus sainte mort.

L'église se vida ensuite peu à peu, et le cantique s'acheva, emporté dans la nuit par le grand vent qui continuait de souffler...

Je suivis le P. Dorgère au presbytère. — Il se trainait à grand'peine. — Arrivé, il se coucha.

— Et c'est tous les soirs comme ça, me dit le curé dont je partageais le frugal repas. Cet homme exerce sur nos soldats une véritable fascination. D'un mot, il leur rend le courage, l'espoir. Il leur souffle son âme.

Ils le croient parce qu'ils savent qu'il n'a jamais menti. Tenez, Monsieur, quand le P. Dorgère était prisonnier au Dahomey, Béhanzin voulut, un jour, lui dicter une lettre « au roi de France » ; il exigeait que cette lettre fût datée de Whydah, et non d'Abomey, pour que l'on crût les prisonniers français sur la côte. Le Père refusa net, en disant « que la main d'un blanc n'écrivait jamais ce que sa tête ne pensait pas. » Le roi nègre, furieux, menaça le Père de le faire égorger sur-le-champ. « Alors, apportez un couteau, » dit celui-ci, et il se coucha sur la table en tendant le cou.

— Oui, voilà l'homme, ajouta le curé, voilà l'homme qui mènerait nos soldats au diable s'il ne préférait les mener au bon Dieu.

— Depuis quand le P. Dorgère est-il ici ? demandai-je.

— Depuis trois mois.

— Et à quel titre, Monsieur le Curé ?

— A titre d'aumônier volontaire du sanatorium militaire de Porquerolles.

— Et sans traitement ?

— Sans traitement. Du reste, il n'est pas cher à nourrir : un peu de lait et beaucoup de quinine lui suffisent.

— Mais encore, le P. Dorgère pourra-t-il vivre longtemps ici dans de telles conditions?

— Hélas ! non, car sa pauvreté est plus qu'évangélique. On fait, il est vrai, des démarches pour lui avoir un petit traitement L'obtiendrons - nous ? Je n'ose l'espérer. Imaginez que sa croix n'est même pas à titre militaire. On lui a refusé ainsi les 250 francs de pension qui y sont attachés .. Mais bast ! Voulez-vous lui dire adieu ? Vous ne le pour-

riez peut-être pas demain, car le vent tombe,
et il est probable que vous reprendrez la
mer de bonne heure.

Je suivis le curé dans la chambrette voisine. Trempé de sueur, grelottant la fièvre
dans son lit où il n'avait que sa soutane pour
couverture, le P. Dorgère disait son chapelet.

— Eh bien, Monsieur ?

— Eh bien, mon Père, vous m'avez donné
tout à l'heure une des plus profondes émotions de ma vie

— Et comment, grand Dieu ?

— En voyant le mort que vous êtes res-
susciter d'autres morts.

— Vous exagérez vraiment, Monsieur,
reprit le Père en souriant.

— Oh! si peu ! N'est-ce pas. en effet, la
survie de votre vie que vous prodiguez ici ?

— Monsieur, ce qui m'en reste ne vaut
pas d'être compté pour grand'chose. Songez
donc que l'âme du dernier de ces enfants a
été rachetée par le sang de mon Maître,
n'est-il pas simple que j'aide à ce que ce
sang ne soit pas perdu ?

..... Je n'ai jamais revu le P. Dorgère,
terminait l'éminent écrivain. Mais j'ai appris

quelques mois plus tard que le budget de la guerre aurait été déséquilibré par les quelques cents francs que le saint homme lui eût coûtés. J'ai su qu'on avait refusé à cette humble et héroïque France, à cette France chair-à-canon qu'est le pauvre petit soldat, l'aide d'un prêtre pour mourir.

*
* *

La faveur du climat de Porquerolles[1] paraissant lui rendre un peu de sa santé, le R. P. Dorgère essaya de se livrer à la prédication.

Parmi les missions qui furent dues à l'initiative de ce prêtre zélé, il convient de citer une expédition apostolique qu'il fit à l'*île du Levant* pour les fêtes de Noël 1897.

---

[1] L'île de Porquerolles, ancienne Proté, la perle des Iles d'Hyères, a une surface de 1254 hectares. Pendant la Révolution, elle fut confisquée par l'Etat à leurs légitimes propriétaires, les d'Henricourt de Lennoncourt et les de Lacroix de Castries de Meyrargues, prévenus d'émigration. Elle fut adjugée pour 18000 livres au sieur Maquan, avec réserve au profit de l'Etat du château-fort Sainte-Agathe, du fort d'Alicastre (castrum d'ali) souvenir de la domination des Sarrasins en Provence, des redoutes et batteries ainsi que des terrains environnants nécessaires à la défense de ces fortifications.

En 1828, le sieur Michel, à son tour propriétaire de l'île, la revendit à Noilly et Plasse de Marseille pour 80 000 francs. Elle fut ensuite revendue 250.000 francs à M. le duc de Vicence, puis 750.000 francs à M. de Roussen, en 1882. Enfin en 1905 elle a été payée 1 million et demi environ par une Société foncière, malgré les nombreuses servitudes de l'Etat et des réserves stipulées par le précédent propriétaire, dans le village même. (P. Ruat *Porquerolles*, dans la *Revue de Provence*, Marseille 1906).

Cette île, aride et désolée, sert de champ d'expérience aux compagnies de débarquement et est en partie abandonnée aux projectiles de l'artillerie de notre escadre. Les familles des gardiens du Phare et du Sémaphore en sont à peu près les seuls habitants. Depuis la ruine de l'ancien Pénitencier, le culte catholique ne s'y exerçait plus et les insulaires se trouvaient complètement délaissés au point de vue religieux.

Sur la demande du P. Bozon, son hôte et ami Dorgère fut autorisé par l'évêque diocésain à y faire une croisière et « célébrer en tout lieu décent à défaut de chapelle. »

Vite les légionnaires, — dont l'un était un ex-juge d'instruction à Toulouse et un autre avait été lieutenant de ligne à Blois, s'offrent pour les préparatifs et disposent les colis de leur cher aumônier volontaire.

Le P. Dorgère quitte Porquerolles un jour de très mauvais temps et débarque seul dans l'île du Levant où il demande l'hospitalité à l'un des établissements de la Marine. Mais il se heurte à la timidité des fonctionnaires qu'il voit successivement et que préoccupe avant tout la crainte d'une dénonciation en haut lieu...

Le missionnaire ne se décourage pas pour si peu. Il en a vu bien d'autres et il a rencontré jadis de semblables hésitations chez les nègres de l'Afrique barbare que terrorisaient les féticheurs. Il a donc prévu ces premières difficultés et apporté dans ses bagages certaines provisions de bouche, afin de n'être à charge à personne.

Quelques bonbons distribués aux enfants qui regardent le nouveau venu avec de grands yeux où perce la candeur naïve de leur âge ; des questions sur la santé de chacun, surtout du chef de poste, contribuent peu à peu à rompre la glace.

Evidemment le Père cherchait le moyen de s'imposer par des services à rendre. Mais comment ?

La Providence lui en fournit immédiatement l'occasion.

Il y avait en effet des malades dans la colonie. Le voyageur s'intéresse sans retard à leur situation, s'offre pour les soigner et ouvre une première valise où se trouvaient, avec les provisions, quelques médicaments d'ailleurs très ordinaires.

Au grand étonnement de toute l'assistance groupée devant ce déballage, on aperçoit collé sur le flanc intérieur du sac un grand portrait de missionnaire avec la suscription : « *Le R. P. Dorgère, ambassadeur de France au Dahomey, chevalier de la Légion d'honneur.* »

Les légionnaires avaient découpé cette image d'une illustration et l'avaient collée dans la valise, à l'insu du Père qui n'était pas moins surpris que tous les braves gens réunis autour de lui. La ressemblance du portrait avec le prêtre qui était là debout, un filet rouge à sa boutonnière, ne permettait aucune méprise.

Dès lors les langues se délièrent, des exclamations retentirent, et les cinq familles de fonctionnaires se disputèrent l'honneur de loger l'illustre visiteur.

Mais à tout seigueur tout honneur ; celui-ci, visiblement ému devant un revirement si subit et un accueil maintenant si cordial, opta pour la maison du chef de poste, qui était plus spacieuse et qui permettait de dresser une chapelle provisoire.

Elle fut vite installée. Et les habitants de cette région solitaire des Iles d'Hyères aiment à redire qu'ils n'ont jamais vécu une fête de Noël comme celle-là.

A son retour à Porquerolles, le P. Dorgère trouva ses fidèles soldats qui l'attendaient au débarcadère. Il prévint leurs salutations par ces mots : « Ah ! coquins, vous m'avez joué un tour ! » Puis il ajouta aussitôt : « mais vous m'avez presque sauvé la vie. »

* * *

On voit quel attachement les troupiers en résidence au sanatorium de Porquerolles témoignaient à l'ancien religieux. Celui-ci aimait à converser avec eux ; il allait les rejoindre à la batterie du Lion et prenait plaisir à entendre le récit de leurs aventures variées. Il secondait le P. Bozon lors des conférences spéciales données de temps en temps à ces militaires dont pas un n'aurait manqué au rendez-vous dans la petite chapelle.

Les officiers le réclamaient souvent à l'hôtel où ils prenaient pension, et chacun d'eux a gardé souvenance de l'émotion heureuse que leur procura, certain soir, le toast du P. Dorgère à la décoration du commandant de la place de Porquerolles [1].

____

[1] Commandant Methlin. (Notes du P. Bozon).

Mais ce séjour dans l'île ne fut point de longue durée. Dès qu'il eut senti ses forces renaître et éprouvé les avantages de sa guérison, le Père, voulant se rendre utile jusqu'au bout, se décida à entrer dans le service paroissial.

Avec l'assentiment de son supérieur général, il demanda une petite paroisse à l'Evêque de Fréjus et Toulon. Il la souhaitait telle qu'il pût y vivre ignoré et continuer autant que possible, sa pauvre vie de missionnaire.

C'était au printemps de l'année 1898. On lui donna le choix entre deux petites paroisses rurales : le Plan-du-Castellet, près Bandol, alors vacante et, non loin de là, Sainte-Anne-d'Evenos qui dépend du doyenné d'Ollioules.

Il alla les visiter l'une et l'autre, et choisit *Sainte-Anne-d'Evenos* qui lui rappelait Sainte-Anne-d'Auray et la Bretagne.

Il devait y passer les trois dernières années de sa vie.

CHAPITRE XIII

A Sainte-Anne-d'Evenos

**Un curé de campagne. — Installation primitive. —
L'orateur et l'apôtre. — Le devoir accompli.
— La mort du héros.**

Sainte-Anne-d'Evenos, bourg jadis le dernier de tous, est aujourd'hui célèbre, grâce au P. Dorgère, et connu de la France entière.

C'est un tout petit village qui, à la sortie des pittoresques *Gorges* d'Ollioules, aligne sa double rangée de maisons le long de la route nationale de Toulon à Marseille, à côté d'un torrent souvent à sec, — la Reppe, d'où l'horizon s'étend librement à travers le vallon fertile du Beausset, jusqu'aux contreforts rocheux des montagnes de la Sainte-Baume.

Il fait partie de la commune d'Evenos, qui compte en tout de 6 à 700 habitants et forme trois petites paroisses : *Sainte-Anne, Evenos et le Broussan*.

Sainte-Anne, siège de la municipalité depuis le sectionnement, est située dans la vallée, au milieu d'un parterre de verdure et de jolis vignobles, à une douzaine de kilomètres de Toulon et à six d'Ollioules, son chef-lieu de canton.

Evenos, comme un nid d'aigle, domine Sainte-Anne et la vaste plaine, du haut d'un plateau fertile et presque à pic que couronnent de vétustes maisons et les ruines tâchées de lierre de son antique château féodal.

Tout à côté, le fort récent de *Pipaudon*, compris dans le périmètre de défense de la place de Toulon, commande le défilé des *Gorges*, longue et profonde déchirure entr'ouverte à ses pieds parmi les roches arides et crevassées, qui ne laissent qu'un étroit passage au torrent de la Reppe et au ruban poudré de blanc de la route nationale.

Région séduisante et digne de captiver l'attention des touristes.

Des glacis de la forteresse, les rochers calcinés qui s'enchevêtrent dans le gouffre immense, présentent çà et là la figure d'animaux fantastiques ; plus loin ils forment des aiguilles si fines qu'on les peut comparer aux flèches sculptées en dentelles des plus belles cathédrales de France.

En contemplant ces sites sauvages et grandioses, on ne peut que s'intéresser aux histoires légendaires des brigands qui jadis y fixaient leurs repaires. [1]

Le Broussan est assez loin de la grande route, dans un verdoyant encadrement de collines tapissées de genêts, de myrte et de serpolet, rendez-vous recherché des chasseurs.

De ces trois paroisses, la première est de beaucoup la plus prospère. Car de temps en temps. des habitants du Broussan ou d'Evenos, — les jeunes surtout, — émigrent et viennent s'installer dans la plaine, à Sainte-Anne qui comprend, outre un certain nombre de fermes ou bastides fort bien habitées, une agglomération importante avec un bijou de mairie, de construction récente, servant en même temps de maison d'école.

Là aussi, quoique un peu à l'écart, se dresse une petite église, très coquette avec ses fenêtres garnies de faïences vernissées et son clocher à chaperon muni d'un carillon

---

(1) J. Bozon. Almanach paroissial d'Evenos.

à huit cloches, s'il vous plait. Attenant à l'église est le presbytère précédé d'un jardinet que clôt une mince grille en fer.

Les habitants de cette commune sont de paisibles laboureurs [1], affables et hospitaliers.

* * *

Le P. Dorgère arriva à Sainte-Anne d'Evenos comme va le missionnaire, son bréviaire sous le bras et son sac de voyage à la main.

De mobilier, point. Pas de fauteuils pour le repos ou les réceptions ; pas de tableaux, ni tentures aux portes et aux fenêtres du petit presbytère, « rien de ce qui est inutile, » selon ses propres expressions.

Mais il connaissait à merveille l'art ingénieux de transformer les vieilles caisses ; et nous fûmes plusieurs fois le témoin de ces transformations fort habiles. Il en tirait tous les meubles indispensables: armoires, commodes, bibliothèques, tables et bancs.

---

(1) Sainte-Anne, en dehors de son vin d'excellente qualité, est renommée par sa charcuterie et la culture des fleurs qui s'encourage des succès de la production principale d'Ollioules.

Son installation ne demanda donc pas beaucoup de temps.

Dans une lettre écrite quelques jours après à l'ami qu'il venait de quitter, il raconta d'une façon piquante, sa prise de possession :

« ... J'arrive à Ste-Anne vers les 4 heures du soir. On me conduit au presbytère... Rien à boire ni à manger. Autre problème : aurai-je un lit ? J'inspecte mes meubles et je constate avec satisfaction que pour tout potage, je suis propriétaire de deux tables...[1] »

Il nous souvient de notre première entrevue, — que nous eûmes l'occasion de renouveler souvent étant alors notaire au Beausset, — avec le nouveau pasteur, et de l'impression que nous fit ce mobilier rudimentaire. Nous trouvâmes le célèbre missionnaire dans la pièce du rez-de-chaussée servant à la fois de salon et de salle à manger : une table en bois blanc, couverte de journaux et brochures, et deux chaises, apportées de l'église, en formaient tout l'ameublement ; sur la cheminée, une statue de la Vierge.

---

[1] Lettre au P. Bozon, 7 mai 1898.

Et comme nous manifestions notre surprise de cette simplicité monacale, il nous répondit ce qu'il aimait à répéter :

— « Mais que me manque-t-il ? Je suis ici comme un prince, si je compare mon installation actuelle avec celle que j'avais jadis au Dahomey. »

A ce trait, tous ceux qui l'ont connu et aimé, se souviendront de l'affabilité enjouée, de la courtoisie bienveillante avec lesquelles il accueillait les personnes qui l'approchaient. Toutes gardaient de leur première rencontre avec l'ancien religieux, une impression particulière qui les faisait ensuite rechercher son commerce si agréable, ses causeries si intéressantes.

*
* *

Le nouveau curé trouva la paroisse bien organisée ; les confréries et les œuvres y étaient prospères et les prédications nombreuses.

Ce n'était donc pas une paroisse de tout repos qu'il avait choisie.

Un de ses compatriotes s'étant risqué à

lui demander pourquoi il avait préféré cette retraite assez laborieuse à un poste plus reposant du côté de Nantes, son pays, près de sa mère et de ses amis d'enfance, il lui avait répondu :

— « Vos froids humides du Nord-Ouest eussent achevé de ruiner ma santé ; il me fallait absolument le climat du Midi.

« Sans doute, j'aurais pu avoir une paroisse de repos complet, où je n'aurais guère eu d'autres occupations que d'écouter dans les bois le chant des cigales. Je suis même certain que tel évêque du Midi de la France m'eût reçu à bras ouverts et traité en enfant gâté. Mais je n'ai pas voulu de cela ; je tenais à rester missionnaire jusqu'au bout. C'est pourquoi j'ai choisi le diocèse de Toulon : il est plus pauvre en prêtres et les prêtres eux-mêmes y sont plus pauvres qu'ailleurs [1] ».

Paroles généreuses qui montrent quel attachement sincère avait pour notre pays du Var qu'il devait illustrer, ce fils de la Bretagne dont le caractère prime-sautier avait tant d'affinité avec le tempérament méridional.

____

[1] Abbé Dubois.

* *

C'est dans le cadre charmant de la petite paroisse de Sainte Anne-d'Evenos qu'on vit désormais le P. Dorgère exercer le ministère pastoral.

Avec sa grande barbe noire encadrant sa physionomie énergique mais un peu pâle, ses manières franches et cordiales, il eut vite conquis la sympathie de tout le monde.

Il en éprouva une satisfaction non dissimulée, car il s'écria dans une de ses correspondances : « La population m'est acquise... Je suis heureux tout seul en mes nombreux appartements. Je me sens chez moi et j'ai foi en ce peuple qui est bon et sera facile à gouverner. »

On le rencontrait par monts et par vaux, s'arrêtant aux fermes, parlant aux paysans et s'intéressant aux moindres détails de leur vie journalière. Dans la vallée de *la Toulousaine* où s'exploitent les carrières bien connues et inépuisables de sable très pur destiné à la verrerie, au moulage et à la maçonnerie, il visitait chacune des familles ouvrières.

D'autres fois allant par les sentiers tracés dans les bruyères parmi les chênes, les pins et les arbousiers, il excursionnait jusqu'à *Pipaudon, Gros-Cerveau* et aux batteries qui couronnent les hauteurs avoisinantes.

Il ne négligeait pas ses visites aux malades. Et dans le pays chacun a souvenance de l'aventure suivante :

Certain soir d'hiver, le Père voulut, malgré le temps incertain, se rendre auprès d'un de ceux qui attendent du ministère sacerdotal les consolations que donnent la paix de l'âme et l'espoir des compensations promises dans l'au-delà aux souffrances humaines. C'était dans un fort éloigné ; le chemin en sous bois était ardu ; le brouillard couvrait le flanc de la montagne et voilait les étoiles du ciel. Il part muni d'une lanterne à bougie. A son retour la bourrasque emporte la bougie et, perdu dans les ténèbres, l'ancien missionnaire s'égare et tombe entre deux rochers d'où il ne parvient qu'à grand peine à retrouver le petit sentier qui le ramène chez lui au milieu de la nuit.

Sa première préoccupation avait été la réfection de la toiture de son église qui menaçait ruine. Comment réunir les ressources nécessaires ? Il ne fallait pas compter sur celles bien minimes de la Fabrique paroissiale. « Gros souci ! Enorme ! » écrit-il à ce sujet.

Mais devant le succès d'une première souscription auprès de la généreuse population et l'applanissement de certaines difficultés, il ajouta bientôt : « Je suis victorieux sur toute la ligne. Lundi prochain, j'espère commencer les travaux. »

Il avait décidé d'organiser dans la localité une tombola dont le tirage aurait lieu un dimanche à l'issue des vêpres.

Au jour dit, il y avait foule à l'école des filles. Des lots nombreux et variés étaient exposés, plusieurs d'entre eux provenaient de ses amis de Nantes. Parmi ces lots, un objet curieux, sorte de canne courte à pomme d'ivoire ciselée, attirait les regards des assistants.

Le Père prit la parole et, remerciant tous les donateurs, expliqua qu'il avait tenu, lui aussi, à joindre son offrande à cette tombola dont le bénéfice allait servir à « réparer le temple du bon Dieu. » Ce don personnel qui

avait pour lui un très grand prix et lui rap.
pelait sa mission en Afrique, c'était un
« *bâton* » *de Béhanzin*.

Et cet emblème symbolique remis au
missionnaire par le roi du Dahomey, au
temps de sa toute puissance, est ainsi
conseivé par l'un des habitants de Sainte-
Anne-d'Evenos,— l'heureux gagnant,— comme un souvenir de son regretté pasteur.

*
* *

Le P. Dorgère (ses paroissiens ne l'ont
jamais appelé autrement), n'était pas de la
race de ces grands orateurs qui, semblables
au torrent impétueux, prennent un auditoire
et le remuent par l'éclat de leur verbe
enflammé.

Sa parole plutôt tranquille trahissait la
bonté de son cœur. Il parlait simplement et
de toute son âme. Quand il s'adressait aux
enfants avec sa douce voix, cette voix qui,
certains jours, était plus faible qu'un souffle,
mais qui avait d'inoubliables accents. on se
laissait aller au charme de l'entendre,
on oubliait presque le monde extérieur. Les

récits du passé, de sa rude vie de missionnaire. ajoutaient un attrait particulier à ses prédications.

Le sentiment qui dominait en lui, était l'amour des âmes. Il les aimait du véritable amour, d'un amour sans limite. Il ne voyait qu'elles sur terre ; il avait bravé mille dangers pour conquérir des âmes à la Foi. Pour elles, il ne regrettait rien ; il mettait tout à leur service, sa belle intelligence et son grand cœur, conformément à sa devise qui figurait sur une image de son bréviaire : « Je sacrifierait tout et je me sacrifierai moi-même pour les âmes.[1] »

Il avait pris pour règle, selon son pouvoir, de faire largement l'aumône. Il donnait tout son avoir aux pauvres.

Il possédait, au plus haut degré, cette vertu du bon prêtre qui est la fierté de la foi, se refusant à ne prêcher qu'à des convertis ou aux seules confréries de pieuses femmes. Aussi allait-il de l'avant et fréquentait-il aussi bien les fidèles que ceux qui lui étaient désignés comme hostiles à l'idée religieuse. Il répondait volontiers à

____

(1) *Impendam et surimpendar... pro animis.*

ceux qui s'en étonnaient devant lui : « J'imite l'exemple de Celui qui est venu ici-bas moins pour les gens en bonne santé que pour les malades. »

Patient envers les égarés, les désarmant par une bonne parole ou un sourire, il ne cherchait qu'à assurer sur cette terre le triomphe du Bien.

*
* *

L'une de ses grandes joies lui était procurée par le passage des régiments d'infanterie coloniale qui se rendent chaque année au champ de tir de *Chibron*, près de Signes.

La plupart des officiers supérieurs avaient connu le P. Dorgère sur la Côte Occidentale d'Afrique. Ils ne manquaient pas de s'arrêter et de le saluer à la traversée de Ste-Anne. Lui les accompagnait durant une partie du chemin, souvent jusqu'au Beausset, gîte d'étape, où il s'asseyait avec eux pour prendre la bière et s'entretenir des choses du passé.

Pendant ce temps, la foule accourue près de là admirait respectueusement, au milieu des officiers et des soldats, ce « curé » à la boutonnière ornée du ruban rouge de la Légion d'honneur.

Quand il visitait ses confrères des alentours et allait, par exemple, à Ollioules, il ne craignait pas de s'arrêter autour de la table d'un café de la place, devant les platanes, pour y fumer une pipe en bonne compagnie.

Mais ces manières libres. qui tranchaient avec les usages reçus, et la simplicité primitive de son installation au presbytère le desservirent quelque peu,il faut bien le dire, auprès de ses ouailles.

D'autre part, comme le dépeindra plus tard du haut de la chaire, avec son cœur d'ami, un de ses intimes, « la parfaite droiture de son esprit le poussait à dédaigner toute politique humaine et son amour de la vérité lui faisait sacrifier quelquefois de précieuses amitiés ou des secours utiles[1]. »

Voilà pourquoi, ni les mérites de son ascétisme, ni les égards qu'aurait mérités sa santé ébranlée, sans parler des antécédents qui avaient illustré sa vie de missionnaire, ne réussirent à le préserver d'oppositions inattendues et d'une série d'épreuves.

---

[1] M. J. Bozon.

Le P. Dorgère en ressentit toute l'amertume. Ceux qui l'approchaient, l'entendaient alors répéter ces mots pleins d'une évangélique résignation : « Partout il y a souffrance, souffrir n'est rien, l'important est de savoir souffrir. »

Il était de ceux qui ne se laissent point abattre par les injustices des hommes ; et, s'il paraissait triste parfois, sa tristesse était celle des forts, celle que Michelet a, je crois, nommée « la tristesse héroïque. »

Son cœur vaillant attendait les occasions de se sacrifier. Et bientôt il devait donner aux paroissiens de Sainte-Anne-d'Evenos et au monde étonné le plus bel exemple de charité qui se puisse rencontrer.

*
* *

Les fièvres contractées par le P. Dorgère dans le voisinage des marais tropicaux le secouaient souvent de leurs frissons mortels.

L'année 1899 lui fut particulièrement défavorable : influenza, fièvre, douleurs de foie firent un sérieux retour offensif.

A différentes reprises, ses amis des alentours ne le rencontrant plus en course ou en promenade, durent multiplier leurs visites au presbytère. Et ceux qui, au loin, étaient habitués à la fréquence de ses lettres, s'inquiétaient de son silence. Aussi répond il à l'un d'eux : « Je viens de faire une sérieuse maladie qui a obligé le médecin à venir tous les jours. C'est à peine si je puis tenir la plume. Enfin sauf rechute, me voici encore une fois tiré d'affaires. »

En effet, ce n'était pas aux maux dont nous venons de parler qu'il devait succomber.

Sitôt remis, il reprit ses tournées auprès des malades et les obligations de sa charge pastorale. Vers le milieu de novembre, il s'en alla prêcher une retraite à Giens, et cette petite paroisse qu'il avait si souvent visitée durant son séjour à Porquerolles et où son souvenir est resté si vivant, eut probablement les derniers discours prononcés par l'apôtre en dehors de sa paroisse.

On le vit, en outre, tantôt accompagnant un bonhomme chez les Petites Sœurs des Pauvres à Toulon, tantôt s'acquittant des fonctions d'infirmier auprès d'un vieillard qui venait de subir une redoutable opération et au sujet duquel il s'exprimait ainsi dans une de ses correspondances : « Il s'en est fallu de peu que le patient ne nous passe entre les mains. omme toujours l'opération a bien réussi. Seulement il faut des soins difficiles et la plaie est si effrayante qu'il n'y a guère que moi qui puisse faire ce travail, et alors le.docteur m'a nommé infirmier en chef.(1)

Aimé du pauvre, c'est surtout à son misérable chevet qu'il allait s'asseoir de préférence. C'est là qu'il brillait de tout l'éclat de son ardente charité, ennoblissant encore par son abnégation le noble exercice de son sacerdoce.

Mais une autre occasion allait se présenter à lui de donner la mesure de son amour pour le prochain.

____

(1) Le P. Dorgère poussait parfois encore plus loin son dévouement pour l'humanité.

Ainsi, pendant son dernier séjour à Marseille, à la Procure des Missions Africaines, un docteur en médecine (M. le docteur Challand de Belval), désireux d'expérimenter un remède qu'il estimait plus efficace que ceux alors employés contre les fièvres des pays tropicaux, vint demander s'il se trouverait un missionnaire qui voulût se soumettre à ses expériences. « Moi » dit le P. Dorgère ; et sans tarder l'expérience était faite. Elle n'eut heureusement aucune suite fâcheuse. (Note due à l'obligeance du P. Bozon).

* *
*

Le 1er Février 1900, une roulotte de bohémiens s'arrête à Sainte-Anne-d'Evenos. Elle venait du côté de Marseille et, en dernier lieu, du voisinage du Beausset où la municipalité lui avait interdit l'entrée de la ville. C'est qu'un homme de la troupe se mourait de la variole noire.

Le P. Dorgère, immédiatement informé n'hésite pas. Il va au malheureux, pénètre dans la roulotte et soigne le moribond qui expire quelques heures après. Les habitants effrayés refusant tout concours pour enterrer le cadavre, il fabrique lui-même le cercueil, creuse la fosse et ensevelit le pauvre hère sans se soucier de la contagion.

Lorsqu'il eût achevé son œuvre solitaire
Et du corps au linceul respiré le poison,
Sous la croix de bois noir, il le mit dans la terre
Où le printemps venu, fleurirait le gazon. (1)

---

(1) F. Plessis, (le R. P. Dorgère), dans le *Mois Littéraire et Pittoresque* de Février 1904. (Paris 3 rue Bayard). Ce poète lui fait ensevelir la *fille* du Bohémien, erreur commise par d'autres écrivains et journalistes. Le varioleux se nommait Simon Débard, natif de Tourves (Var) et était âgé de 35 ans.

Il avait d'ailleurs le ferme espoir de n'avoir pas été atteint. Car le 5 du même mois, il écrivait à l'un de ses amis : « une bande de saltimbanques venus s'installer à Sainte-Anne, a perdu un homme de la variole noire. *J'ai eu là une corvée que tu ne peux t'imaginer.* Après cela, tout mon monde me fuyait. Pour l'instant, je crois ne pas avoir attrapé la maladie. »

Le 10, écrivant encore au même, il lui parlait d'un envoi de plantes dont il recommandait de prendre grand soin, de l'influenza dont il souffrait encore un peu...

Mais treize jours après la funèbre *corvée* qui avait rempli d'admiration tous les gens du pays, il s'alitait à son tour. La terrible maladie qu'il avait contractée près du cadavre du bohémien, allait trouver en lui un terrain tout prêt.

« L'issue du mal n'est pas douteuse, a dit le P. Martin, toutes les misères africaines se joignent à la variole pour le dernier assaut. Celui qui avait si souvent regardé la mort en face et était presque familier avec elle, la voit venir sans crainte. »[1]

---

[1] R. P. Martin. Oraison funèbre du P. Dorgère

A cette nouvelle, tous les amis du P. Dorgère sont plongés dans la consternation. On le sait seul, sans secours dans le petit et froid presbytère. Comment faire pour le soigner ?

Une brave et digne femme, Madame Blanc[1] consent à venir d'Ollioules se mettre au chevet du célèbre missionnaire auquel son médecin[2] apportait avec les secours de la science, l'appui d'un dévouement qui était presque son unique soutien.

Elle y demeure dix jours et dix nuits, c'est à-dire jusqu'à la fin, au risque d'être atteinte à son tour.

Lui se prépare à franchir l'étroit passage qui sépare le temps de l'éternité. Après avoir reçu les derniers sacrements, il s'éteint doucement, presque sans agonie, le 23 février 1900.

L'on court aussitôt chercher une bière, — il n'y en avait pas dans la petite localité, — et l'on doit prendre celle du pauvre à l'hospice voisin du Beausset. Mais l'enterrement ne

(1) Madame veuve Blanc née Dalmas, originaire d'Ollioules, est décédée en 1905 et a laissé trois fils, dont l'un est recteur d'une paroisse du Var et les deux autres, retraités à Toulon, ont servi honorablement le pays dans la Marine.

(2) M. J. Daniel docteur en médecine à Ollioules.

peut avoir lieu aussi rapidement qu'on l'aurait voulu, personne ne s'offrant, vu la frayeur causée par la crainte de la contagion, pour le transport du corps au cimetière.

Il faut attendre l'après-midi du lendemain et l'arrivée du fossoyeur d'Ollioules qui veut bien venir aider celui de Sainte-Anne.

A ce moment, l'absoute est donnée dans l'intérieur de la petite église, hors la présence du cercueil laissé sur le seuil de la porte d'entrée du presbytère et que l'on ensevelit ensuite en toute hâte. Le docteur, M. le Maire Dutheil de la Rochère, le gardien de batterie de Pipaudon et les deux religieuses de l'école accompagnent seuls le corps du héros qui vient de tomber en martyr sur le champ de bataille de la charité.

La population apeurée ne se montra pas[1].

Une simple croix blanche marqua d'abord au cimetière qu'on voit de la grand'route, la petite place occupée par celui qui en avait tenue une importante à certain moment de notre histoire coloniale.

Quelques amis se cotisèrent pour acheter une couronne à cette nouvelle *Victime du devoir*.

Journal *Les Coulisses* (Toulon), 10 Mars 1900.

*_**

Ainsi succomba en pleine vigueur de l'âge, — il n'avait pas 46 ans, — celui qui jusqu'au bout s'était montré fidèle à sa vocation d'apôtre, ne cherchant ici-bas que le règne de Dieu et sa justice ; ce bon Français qui avait noblement rempli les missions successives qu'il avait assumées : celles du missionnaire et du patriote, celle du prêtre de campagne.

« Sa fin digne de sa vie ne surprit personne, a dit le biographe, son ami, que nous avons souvent cité ; car sa vie toute faite d'héroïsme ne pouvait se terminer par une mort banale. C'était du Dorgère tout simple et tout nature, rien de plus[1]. »

A ce Chevalier des temps modernes, dont le cœur ne vibrait que pour se dévouer, s'appliquaient admirablement ces beaux vers d'Henri de Bornier :

> Le danger, quel qu'il fût, le faisait accourir,
> Et quand il s'arrêta, c'est qu'il allait mourir !

Sans se lasser jamais ni se laisser rebuter par les misères physiques et morales, le

---

[1] Abbé Dubois.

Photographie A. ROUGAULT, Toulon.

ÉGLISE DE SAINTE = ANNE = D'ÉVENOS

P. Dorgère se montrait en tous lieux compatissant aux souffrances humaines. Mais s'il aimait prendre soin des corps, c'était pour atteindre les âmes, comme le laboureur prépare le champ où germeront les blés qu'il va jeter en terre, où fleurira la récolte prochaine.

Doux et brave, il allait au travail, dépensant toutes les forces de son corps, toutes les flammes de son cœur, toutes les énergies de son intelligence et de sa volonté à étendre ici-bas les limites sacrées de l'empire du Bien.

Au milieu du chemin, sa faucille s'était brisée : là, comme au Bénin, le semeur ne devait point faire la moisson.

Mais l'histoire de l'héroïsme en soutane comptait une belle page de plus.

CHAPITRE XIV

Le Monument

Si les obsèques du R.P. Dorgère n'eurent, vu la nature de la maladie qui avait précipité le dénouement, aucun retentissement, sa mort ne passa point inaperçue.

D'un bout à l'autre de la France, la presse entière faisant trève à la lutte de chaque jour, devant cette fin héroïque se trouva réunie dans un même sentiment de respect et d'admiration. D'une voix unanime, elle acclama celui qui venait de tomber là bas, loin de sa ville natale et de ses proches, dans ce coin de la Provence, ignoré jusquelà et qu'il venait d'illustrer : SAINTE-ANNE D'EVENOS.

« Quelle existence, écrivait alors un journaliste de talent [1], a mieux mérité d'être proposée en exemple à l'égoïsme de l'élite et de la foule par les prôneurs de la solidarité humaine, comme par les prédicateurs de la charité, que celle de ce chercheur des ignorances les plus épaisses, des douleurs

____

[1] M. Jules Delahaye.

les plus délaissées ? Quelle fin, parmi celles qui ont inspiré les pompes traditionnelles de l'Eglise et les harangues du socialisme moderne, a été plus simple, plus grandiose, plus digne de celles-ci et de celles-là, que la fin du Père Dorgère, missionnaire, patriote, chevalier de la Légion d'honneur ? »

Bientôt la population de l'intéressante bourgade manifesta le désir d'élever par souscriptions un monument au pasteur dont la mort tragique lui avait fait apprécier les vertus et les mérites.

C'est qu'elle s'était bien vite ressaisie. A la suite du malheureux évènement, en effet, un frisson d'admiration et d'enthousiasme l'avait soulevée ; et elle n'eut de repos qu'après l'exécution de son pieux projet.

La municipalité radicale qui, entre temps, s'était installée à la Mairie, s'honora grandement en prenant la tête du mouvement. Un Comité présidé par le nouveau Maire [1], avec pour secrétaire-trésorier l'instituteur [2], se forma aussitôt. Des souscriptions lui par-

____

(1) M. Alphonse Coutton, patron boulanger.
(2) M. Fernand Chieusse, également secrétaire de la Mairie.

vinrent de la région et de divers autres points de la France [1].

M. Rossi, sculpteur de talent, bien connu à Toulon, fut chargé de dessiner et d'exécuter le monument. Et tandis qu'il se livrait hâtivement à son ouvrage, deux touchantes manifestations se produisaient à Sainte-Anne d'Evenos.

L'une, pour le service anniversaire, attira dans la petite église toute la population endimanchée. Le P. Bozon y vint présider la cérémonie. De toutes parts on exprima le vœu que, le jour de l'inauguration du tombeau, le cercueil fût ramené à la paroisse où il n'avait point passé au moment des funérailles.

L'autre s'accomplit au champ des trépassés, lorsque la bière fut retirée de la fosse commune et ouverte devant les autorités et quelques amis du défunt (17 septembre 1901.)

A la surprise émue de tous les assistants, le corps du P. Dorgère apparut parfaitement

(1) Dans cette souscription, parmi les ouvriers. les paysans et les fonctionnaires figuraient quelques hautes personnalités de la Guerre et de la Marine, l'amiral de Cuverville en tête.

conservé [1]. On le plaça dans un cercueil en plomb et on le laissa toute une journée exposé à la vénération des fidèles.

***

L'inauguration avait été fixée au jeudi 24 octobre.

Ce jour-là, la coquette église de Sainte-Anne-d'Evenos avait pris son grand parement de deuil. Les cloches faisaient entendre d'heure en heure le son lugubre du glas funèbre.

Le successeur du P. Dorgère [2] avait bien fait les choses. En avant du sanctuaire, un modeste mais symbolique catafalque surmonté d'une croix et de drapeaux tricolores et entouré d'élégants palmiers, rappelait toute l'existence du missionnaire : la Foi, la Patrie, le Martyre.

La cérémonie avait attiré une foule considérable venue des villes ou villages environnants : Ollioules, Le Beausset, Le

---

[1] « Le fossoyeur le tira par le bras et tout le corps vint à la fois. » Témoignage de M. Clément Decugis de Sainte-Anne-d'Evenos.

[2] M. Blay, ancien missionnaire d'Haïti, aujourd'hui recteur d'une paroisse des Alpes-Maritimes.

Castellet, Bandol, et de Toulon, Hyères, Giens, Porquerolles, La Farlède, etc., donnant à la petite bourgade un caractère qui contrastait avec son habituelle tranquilité.

On allait pouvoir faire à l'illustre défunt des funérailles solennelles.

Dans le cortège prennent place les membres du Conseil municipal, les délégations des pays représentés, les confréries et toute la population locale.

En tête, des enfants tiennent, chacun sur un coussin, sa Croix de la Légion d'honneur et une chaîne qui rappelle celle de sa captivité au Dahomey.

La bière, drapée de soie blanche sur laquelle sont déposés les insignes de curé et la croix de missionnaire, est portée à bras par décision du Comité.

On se rend au cimetière pour y prendre le cercueil et le porter à l'église.

Celle-ci est trop petite pour contenir tout le monde. Le P. Martin, compagnon du religieux aux missions Africaines, venu ensuite le rejoindre[1] en Provence, prononce l'oraison funèbre. Il fait un récit émouvant de la vie et

---

[1] Décédé à Ollioules le 5 mars 1903, curé du Broussan.

de la mort de son ami et ancien supérieur, récit émaillé de souvenirs personnels.[1]

*
* *

Le monument élevé au cimetière avec les fonds de la souscription. est formé d'un magnifique bloc de marbre couronnant le caveau et sur lequel est sculptée une grande croix où s'enlace une palme. Au bas, figurent en relief un rameau d'olivier, un bout de chaine et un parchemin portant gravé le *curriculum vitæ* du célèbre missionnaire[2].

Il se trouve à l'endroit même où celui-ci avait été primitivement enterré.

Devant l'assistance attendrie, M. Marthé, archiprêtre de Toulon, qui préside entouré d'un nombreux clergé, donne le regretté pasteur en exemple à tous :

« Le dévouement, dit-il, peut s'élever jusqu'à un degré héroïque. Le P. Dorgère l'a atteint, et voilà pourquoi nous le glorifions aujourd'hui en érigeant à sa mémoire

____

(I) Cette oraison funèbre a été publiée en opuscule (imprimerie Montéty, Toulon, 1902.)

(2) Journal la *Croix du Var* du 26 octobre 1901 (Toulon).

ce monument funèbre. Puisse-t-il rester toujours au milieu de vous comme le témoignage de votre reconnaissance et de votre admiration ! Puisse-t-il, en ce siècle d'égoïsme et d'affaissement des caractères, rappeler à tous, prêtres et fidèles, qu'il y a encore des âmes d'élite avides de sacrifice et d'immolation !... »

Après les dernières prières, M. le Maire Coutton, au nom du Comité, rappelle les débuts du P. Dorgère à Sainte-Anne d'Evenos, son empressement à rendre service, son attitude admirable lors du décès du bohémien varioleux, en vue d'empêcher la propagation de la cruelle épidémie, et il ajoute :

« Nous l'avons vu à l'œuvre ce jour-là, confectionnant lui-même un cercueil et aidant de sa personne pour le prompt ensevelissement du malheureux. Et quand nous lui parlions ensuite du danger qu'il venait de courir, il nous répondait : « J'en ai vu bien d'autres, la mort ne m'effraie pas. »

« Mais, au bout de quelques jours, il s'alitait à son tour et l'implacable maladie qu'il avait contractée dans son devoir de prêtre et de citoyen, aidée par des maladies anciennes, avait raison de lui...

« Les circonstances dans lesquelles il trouva la mort n'ayant pas permis, le jour de sa sépulture, de lui rendre les honneurs auxquels il avait droit et comme prêtre et comme Chevalier de la Légion d'honneur, nous avons tenu aujourd'hui, jour du transfert de son corps dans la tombe, à les lui rendre et à donner à cette cérémonie le plus d'éclat possible. »

M. le Maire adresse ensuite ses remerciements aux souscripteurs et au sculpteur du monument. Il exprime la gratitude de Madame Dorgère envers les assistants « pour tout ce qui a été fait en l'honneur de son fils. »

Puis, dans un dernier adieu au P. Dorgère [1] il s'écrie :

« La France vous admire, vos amis vous
« pleurent, et que votre âme immortelle qui
« plane sur nos têtes, voie Sainte-Anne
« d'Evenos fière de posséder votre dépouille
« mortelle. »

---

[1] Nantes, sa ville natale, a donné le nom du P. Dorgère à l'une de ses rues. Le pensionnat où il fit ses premières études lui a élevé un buste (Notes laissées par le P. Martin).

C est fini. Le cercueil est descendu dans le caveau, enveloppé dans un pavillon tricolore ; on y joint la chaîne symbolique.

Et la foule vivement émue s'écoule lentement et commente l'inscription suivante :

Au R. P. ALEXANDRE DORGÈRE
Né à Nantes le 6 Décembre 1855

Captif à Abomey, Février-Mai 1890

**Ambassadeur de France près Béhanzin
Août 1890**

**Chevalier de la Légion d'Honneur
8 Octobre 1890**

**Curé de Sainte-Anne-d'Évenos
1898-1900**

**Mort à Sainte-Anne victime de son dévouement
le 23 Février 1900**

**Ses paroissiens et ses admirateurs
Ont érigé ce monument.**

R. I. P.

CONCLUSION

Arrivé au terme de notre tâche, nous ne pouvons passer sous silence l'absence complète, si remarquée, du monde officiel, lors de l'imposante manifestation que nous venons de raconter.

La raison de cette abstention, nul ne la dit jamais. Mais ne peut-on la deviner, et y voir une fois de plus la funeste influence de la question confessionnelle ?

Ainsi, malgré le désir du Comité du monument et le vœu des habitants de Sainte-Anne-d'Évenos, pas un homme public n'alla porter sur la tombe de celui qui avait donné à son prochain et à la Patrie le meilleur de lui-même, l'hommage de la nation reconnaissante.

On s'en tint à la lettre des règlements sur les honneurs militaires à rendre aux obsèques des citoyens décorés de la Légion d'honneur et, profitant du retard apporté par les circonstances à la cérémonie funèbre, on n'y envoya ni un marin, ni un soldat.

Seul, le drapeau tricolore que l'ancien

missionnaire avait bravement promené de Whydah à Abomey, s'inclina devant sa dépouille mortelle et servit ensuite, comme nous l'avons dit, à envelopper son cercueil dans la tombe.

*
* *

Ah ! combien nous savons peu soigner notre gloire ! Quel aveuglement nous pousse à délaisser ainsi nos héros et leurs belles actions ?

Ce devrait être le devoir des gouvernements de souligner, ne fut-ce que pour les générations futures, toutes les grandes vertus quels qu'en soient l'origine et le mobile.

A l'étranger, si quelqu'un accomplit un haut fait, ses concitoyens commencent par l'enrichir, ce qui n'est rien ; puis ils se servent de son nom pour rehausser l'orgueil et l'éclat de la patrie au-dessus des autres peuples envieux et dédaignés.

En France, au contraire, on semble mettre du parti-pris à repousser les occasions de glorifier le pays en la personne de ses enfants les plus illustres, comme si la *démocratie* avait peur des héros, même de ceux qui sortent du peuple et se sont sacrifiés pour lui.

Un jour viendra où le R. P. Dorgère sera peut-être honoré comme une des gloires de notre temps, mais notre temps l'aura laissé disparaître sans un éloge public, sans un salut de nos gouvernants.

*
* *

Heureusement le peuple, lui, se soucie peu des préjugés confessionnels.

Il l'a bien montré en gardant fidèlement la mémoire de son dévoué serviteur. Il n'est pas rare de trouver, à la place d'honneur, dans la demeure des habitants de Sainte-Anne-d'Evenos, la photographie de l'apôtre du Dahomey, comme un hommage rendu à ce grand ami des petits et des humbles.

Des milliers de visiteurs ont, depuis, défilé devant le monument ou se sont agenouillés au pied des noirs cyprès du petit cimetière. On y est venu des régions les plus reculées de la France et même de l'étranger.

Rien n'est significatif comme ces pèlerinages dont nous avons été parfois le témoin attendri. Ils nous apprennent que le juste ne disparaît jamais entièrement et que sa mort même est féconde comme le fut sa vie.

*
* *

Mais il est une famille qui a voulu n'être dépassée par personne dans son attachement au regretté P. Dorgère. C'est celle du bohémien varioleux.

Quand elle est de passage à Sainte-Anne, elle ne manque jamais d'aller déposer une gerbe de fleurs près de la petite croix marquant la place où dort son dernier sommeil celui des siens qui périt si tragiquement, ainsi que sur le tombeau de son insigne bienfaiteur. Au retour de cette pieuse visite, *qui se renouvelle chaque année*, elle se rend au presbytère et remet une offrande au pasteur de la paroisse [1], pour la célébration d'un

____

[1] M. Victor Saglietto, qui a bien voulu nous donner ce dernier détail au cours de notre enquête.

service de *requiem* à l'intention des deux défunts qu'elle confond dans son souvenir ému et dans ses regrets.

La mémoire du cœur est un noble sentiment qui excite partout l'admiration et le respect. Y a-t-il rien de plus beau, de plus touchant dans sa simplicité que cet acte de foi, périodique et recueilli, accompli par la tribu nomade dont la roulotte stationne sur le bord du chemin ?

Il nous montre que, si la reconnaissance est fleur rare en ce monde, on la retrouve encore dans l'âme populaire et bien souvent chez les gens les plus pauvres.

Avril 1908. — Mars 1909.

ERRATA

Page 38, 12ᵉ ligne, lire :

...de retour à Kotonou.

Page 85, 22ᵉ ligne, lire :

...laissant le *Kerguelen* en rade avec des ordres précis donnés à son commandant pour s'assurer de l'efficacité de ses menaces.

Page 120, 11ᵉ ligne, lire :

En se séparant de l'officier qui l'avait accompagné, il lui avait dit :

Page 206, note du bas de page, lire :

Avec la paix signée, le Ministère des Colonies avait repris à la Marine la direction des affaires du Dahomey. L'amiral de Cuverville avait remis, comme nous l'avons dit, les pouvoirs de Gouverneur dont il était investi à M. Ballot, Résident de France à Porto-Novo etc...

APPENDICE

Traité du 19 Avril 1878
(Cession de Kotonou)

Entre le Capitaine de frégate Paul Serval, chef d'état-major, commandant en chef de la division navale de l'Atlantique-Sud, au nom de la *République Française*, d'une part.

Et le Gévoghan le Whydah et le Cabécère Chaudaton, au nom de S. M. Glé-Glé roi du Dahomey, lequel a préalablement pris connaissance du projet de traité et lui a donné son approbation, d'autre part,

Il a été convenu ce qui suit :

Article Premier. — La paix et l'amitié qui règnent et n'ont cessé de règner entre la France et le Dahomey depuis le traité de 1868 sont confirmés par la présente convention qui a pour objet d'élargir les bases de l'accord entre les deux pays.

Article 2. — Les sujets français auront plein droit de s'établir dans tous les ports et villes faisant partie des possessions de S. M. Glé-Glé et d'y commercer librement ..

Article. 3. — Les sujets français résidant ou commerçant dans le Dahomey recevront une protection spéciale pour l'exercice plein et entier de leur diverses occupations de la part de tous les sujets de S. M. Glé-Glé et des étrangers résidant au Dahomey. Il leur sera permis d'arborer sur leurs maisons et factoreries le drapeau du Dahomey, seul ou associé au pavillon français, et le roi Glé-Glé s'engage à faire connaître à tous ses sujets et à tous les étrangers qui habitent ses domaines, qu'ils aient à respecter les personnes et les propriétés des Français sous peine d'un sévère châtiment ..

Article 5. — Aucun sujet français ne pourra désormais être tenu d'assister à *aucune Coutume du royaume de Dahomey où seraient faits des sacrifices humains...*

Article 7. — En conformation de la cession faite antérieurement, S. M. le roi Glé-Glé abandonne en toute souveraineté à la France, le *territoire de Kotonou avec tous les droits qui lui appartiennent, sans aucune exception ni réserve...*

Fait à Whydah en double expédition le 19 Avril 1878.

Signé : P. SERVAL

Marques du Gévoghan de Whylab et du Cabécère CHAUDATON.

Les témoins au traité :

Signé : B COLONNA DE LECCA, Agent en chef de Régis Aîné et Cie ; FRANCISCO F. SOUSA (Chacha) ; G. FERRAT, lieutenant de Vaisseau commandant le *Bruat.*

Décret
établissant en fait le protectorat de la France sur le royaume de Porto-Novo.

Le Président de la République Française,

Sur le rapport du Ministre de la Marine et des Colonies.

Vu le décret du 4 février 1879 qui rattache admitrativement et financièrement le territoire de Kotonou à la colonie du Gabon,

DÉCRÈTE :

Article Premier. — Le protectorat de la France sur le territoire de Porto-Novo est rétabli en fait à la demande du roi et des chefs de ce pays.

Article 2. — Le Résident, chargé aux termes du décret du 4 février 1879, de la garde du pavillon de Kotonou, exerce le Protectorat sur Porto-Novo.

Il relève à ce double titre de l'autorité du Gabon avec lequel il correspond directement.

Article 3. — Le Ministre du Commerce et des Colonies est chargé de l'exécution du présent décret.

Fait à Paris, le 14 Avril 1882.

Signé : **J. Grévy.**

Dépêche du Lieutenant-Gouverneur Bayol

au Sous-Secrétaire d'Etat aux Colonies,
après son retour d'Abomey.

Kotorou 1er Janvier 1890.

« Sommes restés Abomey trente-six jours. Ai pu exposer, 28 Novembre, but mission pacifique et demander laisser établir douanes à Kotonou conformément traités. Prince héritier Kondô insulta République. Ai protesté énergiquement. Avais remis le 23, cadeaux offerts par le gouvernement. Jusqu'au 25 Décembre sommes restés prisonniers : sortions seulement pour assister aux Coutumes. Il y a eu deux cents sacrifices. On a martyrisé des hommes de Porto-Novo et avons été forcés de voir les cadavres mutilés. On a décapité devant mon secrétaire. Suis tombé gravement malade. Situation devenait dangereuse ; on parlait de nous garder comme otages. »

Ordre du jour de l'Amiral de Cuverville

à son départ du Golfe de Bénin.

Le Contre-amiral commandant en chef les forces de terre et de mer, faisant fonctions de Gouverneur dans le Golfe de Bénin.

A l'honneur d'informer les différents services placés sous ses ordres, qu'en exécution des instructions du Gouvernement, il remet à Monsieur le Résident de France Ballot, à compter du 23 décembre, les pouvoirs de Gouverneur dont il était investi. *La Naïade* fera route ce même jour pour Dakar...

Avant de quitter le Golfe de Bénin, le commandant en chef renouvelle l'expression de sa satisfaction et de sa gratitude au Résident et aux chefs de service qui l'ont assisté avec tant de dévouement dans sa tâche laborieuse ; ils se feront son interprète auprès de leurs subordonnés. Tous les services rendus ont été signalés et le contre-amiral commandant en chef aime à espérer qu'ils recevront leur récompense.

Le dévouement avec lequel la Société des Missions Africaines de Lyon a mis tout ce qu'elle possédait à la disposition du corps expéditionnaire, ne saurait être oublié ; nos religieux ont montré une fois de plus que, dans leur affection, ils ne séparent jamais l'amour de Dieu de l'amour de la Patrie, qu'ils en soient remerciés !

Le présent ordre sera communiqué aux différents services et lu à bord du *Roland* au moment de l'inspection.

Fait à bord de la *Naïade*, Kotonou le 20 Décembre 1890.

Le Contre amiral commandant en chef :

CAVELIER DE CUVERVILLE.

Protestation de M. Ballot,

Résident de France contre l'agression du roi Béhanzin.

Porto-Novo, le 28 Mars 1892.

Le lieutenant-gouverneur des établissements français du Golfe de Bénin, au roi de Dahomey.

A mon passage à Whydah, le 2 de ce mois, vous avez envoyé le Coussougan porteur de votre bâton me saluer et me déclarer publiquement et solennellement votre intention formelle d'observer fidèlement les clauses du traité du 3 octobre 1890, afin de toujours vivre en paix avec le Gouvernement français.

Aussi ai-je été fort étonné d'apprendre que le 26 de ce mois, vos troupes avaient pénétré en armes sur le territoire du protectorat de Porto-Novo, attaqué, pillé et détruit les villages de Ahanta, Biko et Danko.

Afin de m'assurer de l'exactitude des faits qui m'étaient rapportés, j'ai remonté le Ouémé jusqu'à Danou à bord d'un navire français. Après avoir reconnu que les villages précités avaient en effet été saccagés, je me disposais à retourner à Porto-Novo, quand le navire qui me portait a été lâchement attaqué par plus de 600 de vos soldats, et nous n'avons dû notre salut qu'à la bravoure de nos soldats et à la maladresse de vos guerriers.

L'article premier du traité du 3 octobre 1890 auquel vous avez donné votre entière adhésion, puisque vous avez envoyé toucher, le 9 octobre 1891, votre rente de 20.000 francs, est ainsi conçu :

« Le roi de Dahomey s'engage à respecter le protectorat français du royaume de Porto-Novo, et à s'abstenir de toute incursion sur les territoires faisant partie de ce protectorat »

En conséquence, j'ai l'honneur de vous informer que je rends compte à mon gouvernement de la violation des engagements que vous avez contractés et de l'offense grave que vous avez faite au drapeau français arboré sur le navire et les villages que vos soldats ont attaqués.

Victor BALLOT.

Réponse du roi Béhanzin à M. Ballot

Dahomey, le 31 Mars 1892.

A Monsieur Ballot, Gouverneur de Porto-Novo.

Je vous adresse ces deux lignes pour savoir des nouvelles de votre santé et en même temps vous dire que je suis bien étonné du Récade [1] que Bernardin a apporté au Cabécère Zohocon pour m'être communiqué au sujet des six villages que j'avais détruits il y a trois ou quatre jours.

Je vous garantis que vous vous êtes bien trompé. Est-ce que j'ai été quelquefois en France faire la guerre contre vous ? Moi, je reste dans mon pays et toutes les fois qu'une nation africaine me fait mal, je suis bien en droit de la punir. *Cela ne vous regarde pas du tout.* Vous avez eu bien tort de m'envoyer ce récade c'est une moquerie ; mais je ne veux pas qu'on se moque de moi, je vous répète que cela ne me fait pas plaisir du tout. Le récade que vous m'avez envoyé, est une plaisanterie et je la trouve extraordinaire.

---

(1) Message,

Je vous défend encore et ne veux pas avoir de ces histoires.

Si vous n'êtes pas content de ce que je vous dis, vous n'avez qu'à faire tout ce que vous voudrez, *quand à moi je suis prêt.* Vous pouvez venir avec vos troupes ou bien descendre à terre pour me faire une guerre acharnée.

Rien autre,

Agréez, Monsieur le Gouverneur, mes salutations sincères.

BÉHANZIN,

Roi de Dahomey.

Ordre Général N° 65

après la retraite sur Akpa

Officiers, sous-officiers et soldats du corps expéditionnaire.

Chacun de vous se souviendra avec orgueil de la semaine du 10 au 17 octobre 1892.

Partis de *Poguessa* le 10, nous sommes venus camper à *Koussoupa*, après avoir trouvé évacué le camp de *Sabovi* encore occupé quelques heures auparavant par le roi Béhanzin.

Le 12 au matin, nous avons repris le contact de l'ennemi et presque toute la journée n'a été qu'un combat au cours duquel nous avons emporté trois lignes de retranchements.

Le 13, vous avez brillament enlevé le camp qui couvrait *Akpa* où l'ennemi, dans sa fuite précipitée, a laissé de nombreux vivres et munitions.

Venus le 14 à la lagune de *Koto*, pour nous ravitailler en eau, vous avez repoussé victorieusement trois attaques pendant les journées des 14 et 15.

Le 16, nous avons repris notre bivouac d'*Akpa*, afin de faciliter notre ravitaillement en vivres et munitions et prendre quelque repos à la suite des fatigues résultant de quatre jours de combats. C'est aussi dans cette journée que les légionnaires, en s'offrant spontanément pendant la marche au transport des blessés indigènes aussi bien qu'européens, ont montré que chez le soldat, l'esprit de sacrifice et de fraternité militaire est inséparable du vrai courage. Ce fait a encore augmenté l'admiration que leur conduite au feu a provoquée depuis la journée de *Dogba*.

Bientôt nous repartirons à l'attaque des dernières positions ennemies.

Sûr qu'il peut tout demander à chacun des éléments du corps expéditionnaire, le colonel est convaincu que le succès définitif, qui n'est dû qu'aux tenaces, ne tardera pas à couronner tant de généreux efforts.

Akpa, le 18 Octobre 1892.

A. DODDS.

Déclaration de déchéance

Au nom de la République Française,

Nous, général de brigade, commandant supérieur des établissements français du Bénin, commandeur de la Légion d'honneur,

En vertu des pouvoirs qui nous ont été conférés,

Déclarons :

Le roi Béhanzin Ahydjéré est déchu du trône de Dahomey et banni à jamais de ce pays.

Le royaume du Dahomey est et demeure placé sous le protectorat exclusif de la France, à l'exception des territoires de Whydab, Savi, Avrékété, Godomey et Abomey-Calavi, qui constituaient les anciens royaumes de Adjuda et de Jacquin, lesquels sont annexés aux possessions de la République Française. Les limites des territoires annexés sont : à l'ouest, la rivière Ouémé ; au nord et à l'est, la rivière de Savi et les frontières nord-est du territoire d'Abomey-Calavi ; au sud, l'océan Atlantique.

Fait à Porto-Novo, le 3 décembre 1892.

A. DODDS.

Conquête du Dahomey.

Liste des officiers tués ou morts de leurs blessures

Dogba 19 Septembre. — Sous-lieutenant *Badaire*, infanterie de marine ; commandant *Faurax*, légion.

Poguessa 4 Octobre. (Première affaire). — Capitaine *Bellamy*, infanterie de marine ; sous-lieutenant *Amelot*, Légion étrangère ; sous-lieutenant *Bosano*, infanterie de marine.

Poguessa 6 Octobre. (Deuxième affaire). Lieutenant *Doué*, infanterie de Marine.

Akpa 15 Octobre. — Commandant Marmet, infanterie de marine, officier d'ordonnance du commandant supérieur.

Le *20 Octobre*, devant **Kotopa**. Lieutenant *Toulouse*, infanterie de marine ; lieutenant *Michel* artillerie.

Le *2 Novembre*, affaire *Vakou*. Lieutenant *Mercier*, infanterie de Marine ; médecin de première classe, *Rouch*.

Le 4 Novembre, affaire *Djokoné*. Lieutenant d'artillerie *Menou*.

Lieutenant d'artillerie *Valabrègue* et lieutenant d'infanterie de marine *Gélas*.

Liste des officiers blessés.

Le 20 Août à Takon. — Commandant *Riou*, infanterie de marine ; commandant *Lasserre*, artillerie ; capitaine *Bellamy*, infanterie de marine.

Le 4 Octobre, Poguessa (Première affaire). Commandant *Lasserre*, artillerie : sous-lieutenant Farradini, infanterie de marine.

Le 6 Octobre, Poguessa (Deuxième affaire). Lieutenant *Farrail*, légion.

Le 12 Octobre, affaire d'Akpa. Lieutenant *Cornetto*, légion.

Le 13 Octobre, affaire d'Akpa. Lieutenants *Kieffer*, *Passaga*, *Grandmontagne*.

Le 14 Octobre affaire de Koto. Capitaine *Battréau*, légion.

Le 15 Octobre, affaire d'Akpa. Commandant

Stéphani, infanterie de marine ; lieutenant d'*Urbal*, légion.

Le 20 octobre, commandant *Villiers*, capitaine *Crémieu-Foa*, cavalerie.

Le 27 Octobre, devant KOTOPA. Capitaine *Combettes* ; capitaine *Fonssagrives*, infanterie de marine.

Le 2 Novembre, affaire de VAKON. — Capitaine *Roget*, infanterie de marine ; lieutenant *Jacquet*, légion ; lieutenant *Cany*, infanterie de marine.

Le 2 Novembre, affaire de DJOKONÉ.— Lieutenant *Gay*, infanterie de Marine ; lieutenant *Lucas*, infanterie de marine ; lieutenant *Maron*, artillerie.

Décret conférant au R. P. Dorgère la Croix de la Légion d'honneur[1]

Le Président de la République Française,

Sur la proposition du Ministre de la Marine ;

Vu la déclaration du Conseil de l'Ordre national de la Légion d'honneur en date de ce jour, portant que la présente nomination est faite en conformité des lois, décrets et règlements en vigueur ;

Décrète :

Article 1er. — Est nommé dans l'Ordre national de la Légion d'honneur,

Au grade de Chevalier

Le Révérend Père Alexandre-Séraphin DORGÈRE, de la congrégation des Missions Africaines, aumônier provisoire du corps expéditionnaire,

Services exceptionnels : *mission au Dahomey.*

Art. 2. — Le Ministre de la Marine et le Grand Chancelier de la Légion d'honneur sont chargés,

---

[1] *Journal Officiel* du 9 octobre 1890.

chacun en ce qui le concerne, de l'exécution du présent Décret.

Fait à Paris, le 8 octobre 1890.

CARNOT.

Par le Président de la République :

Le Sénateur, Ministre de la Marine,
BARBEY.

Vu pour l'exécution :
Le Grand Chancelier de la Légion d'honneur,
Gal **FÉVRIER.**

TABLE DES MATIÈRES

TABLE DES MATIÈRES

CHAPITRE IV

La délivrance

CHAPITRE V

Nos démêlés avec le Dahomey

CHAPITRE VI

L'ambassade auprès de Béhanzin

CHAPITRE VII

La diplomatie noire

CHAPITRE VIII

Les conférences de Whydah

CHAPITRE IX

La ratification du traité

CHAPITRE X

La conquête du Dahomey

CHAPITRE XI

Nouvel apostolat

CHAPITRE XII

En France

CHAPITRE XIII

A Sainte-Anne-d'Evenos

CHAPITRE XIV

Le monument

APPENDICE

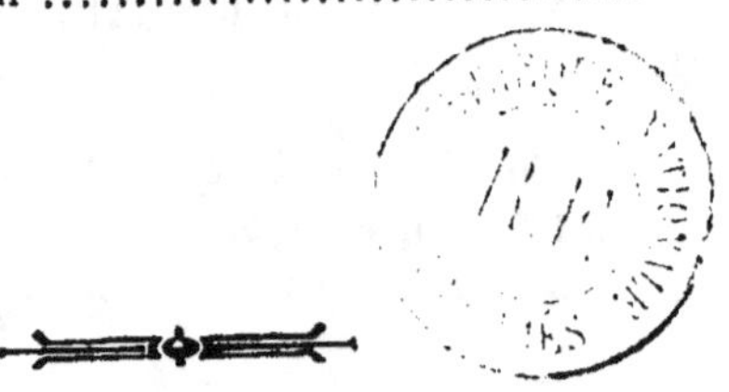

DRAGUIGNAN

Imprimerie Commerciale et Administrative A. RICCOBONO

Boulevard de l'Esplanade.